中国禅宗
典籍丛刊

赵州录

主编 杨曾文 黄夏年
【唐】文远 记录 张子开 点校

中州古籍出版社
·郑州·

图书在版编目（CIP）数据

中国禅宗典籍丛刊/杨曾文，黄夏年主编.—郑州：中州古籍出版社，2018.6

ISBN 978-7-5348-7738-4

Ⅰ.①中…Ⅱ.①杨…②黄…Ⅲ.①禅宗-宗教经典-中国-丛刊Ⅳ.①B946.5-55

中国版本图书馆CIP数据核字（2018）第043529号

出 版 人	张存威
选题策划	贾保倩　孙胜军
责任编辑	刘　晓　高林如
责任校对	贾　群
装帧设计	曾晶晶

出版发行	中州古籍出版社
	（地址：郑州市经五路66号　邮政编码：450002）
发行热线	0371-65788693
经　　销	全国新华书店
承印单位	河南瑞之光印刷股份有限公司
开　　本	890mm×1240mm　　1/32
印　　张	122.375印张
字　　数	2650千字
版　　次	2018年6月第1版
印　　次	2018年6月第1次印刷
定　　价	560.00元（全十册）

出版说明

《中国禅宗典籍丛刊》是一套关于中国禅宗系列的文献选编，收录了中国禅宗方面的重要史书、语录和清规等文献，邀请国内著名的学者，依据好的版本做了校勘、分段和标点。该丛刊自2001年首次出版，17年来已陆续出版10余种书，对于读者阅读研究产生了广泛的影响。

此次再版的《中国禅宗典籍丛刊》选取了《赵州录》《马祖语录》《临济录》《祖堂集》《禅林僧宝传》《大慧书》《正法眼藏》《禅源诸诠集都序》《敕修百丈清规》《禅苑清规》10种著作。在内容上，作者对其进行了修订增补；在体例上，统一版式设计，力求美观大方。因每本书略有差异，部分书依据情况在编排上保留原貌。

该丛刊的出版是在主编杨曾文教授、黄夏年教授以及10多位专家学者的大力协助下共同完成的，谨在此表示感谢。限于编者的水平，书中一定尚存讹误，敬请读者批评指正。

中州古籍出版社
2018年3月

总　序

在中国传统文化中，儒学、佛教和道教鼎足而立，是三个最主要的组成部分。它们在相互排斥的同时又相互吸收，共同丰富和发展了中华民族的文化。

佛教本是从印度传来的外来宗教，然而它在中国这块辽阔丰饶的具有悠久历史文化的国土上传播，经过漫长岁月，已经与中国传统文化和宗教习俗密切结合，演变成中国的民族的主要的宗教。隋唐时期具有民族特色的佛教宗派的创立，标志着佛教中国化历程的基本结束，此后进入中国佛教的持续发展时期。在这些佛教宗派中，天台宗、华严宗和禅宗是最富有民族特色的宗派。在它们的蕴涵深刻哲学思辨内容的教义理论中，有说色空、色心和体用相即的宇宙存在论，有论善恶、净染的心性论，有讲出世不离世间的修行解脱论，有用以沟通色空、色心和体用的"不二"的方法论……这些在中国历史文化，特别是在哲学思想领域都产生过极为深远的影响。研究中国历史文化，研究中国哲学思想都离不开对佛教的考察和研究，这早已成为人们的共识。

禅宗虽奉北魏时期来华的印度僧菩提达摩为初祖，但从历史真实情况考察，实际创立者应是被后世禅宗奉为四祖、五祖的道信（580~651）和弘忍（602~675）。在弘忍去世之后，他的门下形成以神秀（约606~706）及其弟子普寂（651~739）为代表的北宗，以惠能（638~713）及其弟子神会（668或686~760）、行思（？~740）、怀让（677~744）为代表的南宗。在"安史之乱"（755~763）后，北宗逐渐衰微以至湮灭无闻，而南宗则迅速传遍大江南北，日益昌盛，并在唐末五代形成禅门五宗——临济宗、沩仰宗、曹洞宗、云门宗、法眼宗。进入宋代，临济宗又分成杨岐、黄龙二派。两宋是禅宗发展史上的鼎盛时期，它一跃而成为中国佛教宗派中的主流派，在当时社会的各个阶层和文化思想领域都有很大的影响。此后，中国儒、释、道三教日益会通融合，佛教内部各宗也互相融通，禅宗与净土念佛信仰的结合最为密切，以至形成"念佛禅"。

禅宗虽标榜"以心传心，不立文字"，但从实际情况来看，它的文字著述最多，形式也多种多样，其中禅法语录最多。记录惠能言行的语录有《六祖坛经》，记录神会言行的语录有《菩提达摩南宗定是非论》等，此后怀让、马祖、怀海、希运以及禅门五宗的创始人义玄、灵祐和慧寂、良价和本寂、文偃、文益，后世各宗著名禅师几乎都有语录行世。语录有别集，有合集。在语录集子中既有禅师在开堂、上堂、小参、普说等各种场合的说法记录，也有师徒间的答问；有对前人公案的评说——拈古，也有评述这些公案的偈颂——颂古；有代前人回答质询的代语，也有在前人答语之外另作答语的别语；还有书信、法语、序跋、碑铭、题赞、札记、遗表等。在语录中，有贴近当时民众的通俗白话，有含意清丽玄远的诗偈；在语录外，有卷帙浩繁的史传，包括以语录为主的灯史、以记事为主的传记、按编年记述的通史。此外，还有论议、杂著、清规等。这些数量庞大的禅宗文献，无疑是我国宝贵的文化遗产。

我国在20世纪70年代末实行改革开放政策以后，随着社会科学界对宗教研究的深入展开，在对佛教文献的研究和整理、出版方面也取得很大的成绩，为从事佛教研究的人员和社会上广大读者提供了不少经过校订注释的有价值的佛教参考资料。然而在大量佛教文献面前，为了让研究者和读者使用方便，有必要按类别选择其中最重要的文献进行研究和整理，分阶段地做校勘、标点和注释出版。

现在奉献在诸位面前的《中国禅宗典籍丛刊》是一套中国禅宗系列的文献选编，其中收录了中国禅宗的部分重要史书、语录和清规等文献，皆请学者依据较好的版本做了校勘、分段和标点，并且一律改用现在通用的简化字。虽然所收文献的数量不是很大，但在目前公开出版的禅宗著述较少的情况下，这一套丛书的出版一定会给从事佛教禅宗研究和中国哲学、文史研究的学者和广大读者带来不少方便。我们深知此项工作并非轻而易举，希望边工作边改进，谨望读者今后经常给我们提出建议，不吝赐教，以便把这一工作做得更好。

杨曾文

1998年2月9日

序　言

生于山东、成于南方、最后于河北大弘禅法的赵州从谂和尚（778~897），一世行脚竟几八十载，终究形成了他不立一家家谱、独往独来的奇崛风格，卓然屹立于五家之外。应该说，赵州和尚的做派更得禅宗的本味吧。也正缘此，其影响在中国、日本和韩国等汉传佛教圈内巨大而深远，绵延千余年，迄今未绝。

1997年年初，我在澳门幸运地遇见了中国社会科学院的杨曾文先生，先生豪迈的大家风范，给我留下了难忘的印象。杨先生当时约我点校赵州语录，年轻气盛的我，未加思索便答应下来。后经一着手，才晓知原来是一只烫手山芋，可已来不及后悔了，只好勉力而为之。现在硬着头皮将这个还远未成熟的东西交上作为答卷，内中惶恐万状，惟祈杨先生及读者诸君的斧正训迪。

自然，这本小书并没有网括尽我所搜罗到的全部资料，事实上，还有一大袋原始卡片等待排比归纳。我原也打算在《赵州从谂研究》一部分中再增添《真 or 伪：语言学角度的考察》、《赵州和尚的禅风》、《赵州弟子事迹考辨》、《地位和影响》诸小节。可一是时间已不允许，二是顾虑及本书主要是赵州化语的辑录，倘作全面的探索，不免显得本末颠倒，还是留待日后另为专书的好。所以，本书的论文就只涉及语录的源流和从谂的生平了。

又，本书属于国家计委、国家教育部"211工程"建设项目。

作　者

2001年4月6日

于四川大学中国俗文化研究所（中国·成都）

目 录

赵州和尚语录卷上 …………………………………… 1
赵州和尚语录卷中 …………………………………… 66
赵州和尚语录卷下 …………………………………… 118
补遗 …………………………………………………… 169

附编之一
    传记序赞等 ………………………………………… 194

附编之二
    赵州从谂禅师法嗣 ………………………………… 205
    赵州从谂研究 ……………………………………… 218
    有关赵州和尚的论著目录 ………………………… 258

本书参考书目 ………………………………………… 260

赵州和尚语录卷上

参学门人文远记录

按：此依《明版嘉兴大藏经》第一三七种《赵州和尚语录》（第24册，第357~372页）为底本校录。原文于"参学门人文远记录"后，尚有"鞁辂（当为"鞁辂"。转动之义。《广韵·铎韵》："鞁，鞁辂。"《集韵·铎韵》："鞁，鞁辂，转也。"而"辂"乃意指碾玉。"鞁辂"不辞，且与"道人"相舛）道人大参重校"、"云门弟子明声重刻"字样。

主要对校本：1. 明《永乐南藏》本《古尊宿语录》（简称"永乐本"）；2. 明《径山藏》（《嘉兴藏》）本《古尊宿语录》（简称"径山本"）。另外，《祖堂集》、《景德传灯录》等五代或宋代僧人的撰述面世年代较早，颇具参考价值，故将有关内容分别列于相应的各则之下。

校录中，凡异体字、俗字，一例改为通行体字或正体字，并不出校；古今字和通假字，于校记中指明其今字或本字。底本上的讹、脱、衍、倒，径在本文中改正，不加增删符号，而于校记中说明。异文亦在校记中指出。

各则语录的起讫，一般依据底本；各则前表示顺序的阿拉伯数字,为校录者所加。

1. 师问南泉:"如何是道?"泉云:"平常心是①。"师云:"还可趣向不?"泉云:"拟即乖。"师云:"不拟,争知是道?"泉云:"道不属知,不知。知是妄觉,不知是无记。若真达不疑之道,犹如太虚廓然荡豁,岂可强是非也!"师于言下顿悟玄旨,心如朗月。

【校注】

此则永乐本无。

① "平常心"后,径山本有一"道"字。

按,《祖堂集》卷第十八《赵州和尚》:"师问:'如何是道?'南泉云:'平常心是道。'师云:'还可趣向否?'南泉云:'拟则乖。'师云:'不拟时,如何知是道?'南泉云:'道不属知不知。知是妄觉,不知是无记。若也真达不拟之道,犹如太虚,廓然荡豁,岂可是非?'师于是顿领玄机,心如朗月。"

《景德传灯录》卷第十《赵州东院从谂禅师》:"异日问南泉:'如何是道?'南泉曰:'平常心是道。'师曰:'还可趣向否?'南泉曰:'拟向即乖。'师曰:'不拟时,如何知是道?'南泉曰:'道不属知、不知。知是妄觉,不知是无记。若是真达不疑之道,犹如太虚廓然虚豁,岂可强是非耶!'师言下悟理……"

《联灯会要》卷第六《池州南泉普愿禅师法嗣·赵州观音

从谂禅师》亦载，然有异文，颇助于理解："师问南泉：'如何是道？'云：'平常心是道。'师云：'还假趣向也无？'泉云：'拟向即乖。'师云：'不拟，争知是道？'泉云：'道不属知，不属不知。知是妄觉，不知是无记。若真达不拟之道，犹如太虚廓然荡豁，岂可强是非耶？'师于言下顿领深旨。"

《五灯会元》卷第四《南泉愿禅师法嗣·赵州从谂禅师》撷取言辞乃糅合《景德传灯录》和《联灯会要》而成。

初刊于宋宝祐二年（1254）的《五家正宗赞》卷第一《赵州真际禅师》所载，亦是《景德传灯录》和《联灯会要》的综合。

2. 南泉上堂。①师问："明头合？暗头合？"泉便归方丈。师便下堂，云："这老和尚！被我一问，直得无言可对。"首座云："莫道和尚无语，自是上座不会。"师便打，又云："这棒合是堂头老汉吃。"

【校注】

①"南泉上堂"前，永乐本有"赵州谂禅师参"数字。

按，《联灯会要》卷第六《赵州观音从谂禅师》："师问南泉：'明头合？暗头合？'泉便归方丈。师归堂，云：'老和尚被我一问，直得无言可对，无理可伸。'首座云：'莫道和尚无语，自是上座不会。'师打首座一掌，云：'这一掌，合是堂头老汉吃。'五祖戒云：'正贼走了，逻踪人吃棒。'又云：'南泉当断不断，返招其乱。'"

《五灯会元》卷第四《赵州从谂禅师》,显然是综合《联灯会要》和《古尊宿语录》的有关记载而成:"南泉上堂。师出问:'明头合?暗头合?'泉便下座,归方丈。师曰:'这老和尚!被我一问,直得无言可对。'首座曰:'莫道和尚无语好!自是上座不会。'师便打一掌,曰:'此掌合是堂头老汉吃。'"

3. 师问南泉:"知有底人,向什么处去?"泉云:"山前檀越家作一头水牯牛去。"师云:"谢和尚指示。"泉云:"昨夜三更月到窗。"

【校注】

永乐本无。

按,《祖堂集》卷第十六《南泉和尚》:"赵州问:'知有底人向什么处休歇去?'师云:'向山下作一头水牯牛去。'赵州云:'谢和尚指示。'"

《景德传灯录》卷第十赵州本传:"异日问南泉:'知有底人,向什么处休歇?'南泉云:'山下作牛去。'师云:'谢指示。'南泉云:'昨夜三更月到窗。'"

《联灯会要》卷第四《池州南泉普愿禅师》则云:"赵州问:'和尚百年后,向甚么处去?'师云:'山下作一头水牯牛去。'州云:'谢师指示。'师云:'昨夜三更月到窗。'"

《古尊宿语录》卷第十二《池州南泉普愿禅师语要》亦曰:"赵州问:'和尚百年后,向甚么处去?'师云:'山下作一头水牯牛去。'州云:'谢师指示。'师云:'昨夜三更月到窗。'"

《五灯会元》卷第四《赵州从谂禅师》亦著录。

4. 师在南泉作炉头。大众普请择菜,师在堂内叫:"救火!救火!"大众一时到僧堂前,师乃关却僧堂门。大众无对。泉乃抛锁匙从窗内入堂中,师便开门。

【校注】

永乐本无。

按,《景德传灯录》卷第十赵州本传:"师作火头。一日,闭却门,烧满屋烟,叫云:'救火!救火!'时大众俱到,师云:'道得即开门。'众皆无对。南泉将锁匙于窗间过与师,师便开门。"

《联灯会要》卷第六《赵州观音从谂禅师》,言辞又有不同:"师在南泉作炉头。一日,闭却僧堂门,烧满屋烟,叫云:'救火!救火!'大众俱来,师云:'道得即开门。'众无对。泉将锁匙窗间度与师,师便开门。"

5. 师在南泉井楼上打水次,见南泉过,便抱柱①悬却脚,云:"相救!相救!"南泉上胡梯,云:"一!二!三!四!五!"师少时间却去礼谢,云:"适来谢和尚相救。"

【校注】

① "柱",永乐本作"拄"。

按,《祖堂集》卷第十六《南泉和尚》,辞稍异:"赵州在楼上打水,师从下过。赵州以手攀栏县("悬"之古体)脚,云:'乞师相救!'师踏道上,云:'一!二!三!四!五!'赵州云:'谢师指示。'"

《联灯会要》卷第六《赵州观音从谂禅师》:"师在井楼上打水,见南泉从下过,师抱楼柱悬双脚,云:'相救!相救!'泉以手敲扶梯,云:'一!二!三!四!五!'师遂下楼,具威仪,上方丈作礼,云:'适来谢和尚相救。'"

6. 南泉东西两堂争猫儿。泉来堂内,提起猫儿,云:"道得即不斩,道不得即斩却。"大众下语,皆不契泉意,当时即斩却猫儿了①。至晚间,师从外归来,问讯次,泉乃②举前话了③,云:"你作么生救得猫儿?"师遂将一只鞋戴在头上,出去。泉云:"子若在,救得猫儿。"

【校注】

① "了",底本作"子"。据对校本改。

② "乃",永乐本无。

③ "话了",底本作"语子"。据对校本改。

按,《景德传灯录》卷第八《池州南泉普愿禅师》:"池州南泉普愿禅师者……师因东西两堂各争猫儿,师遇之,白众曰:'道得即救取猫儿,道不得即斩却也。'众无对,师便斩之。赵州自外归,师举前语示之,赵州乃脱履安头上而出。师曰:'汝适来若在,即救得猫儿也。'"

《联灯会要》卷第四《池州南泉普愿禅师》,语又有异:"师因两堂争猫儿,师遂提起猫儿,云:'大众!道得即不斩,道不得即斩。'众无语,师遂斩之。少顷,赵州从外来,师举似州,州脱履安头上出去。师云:'子若在,即救得猫儿。'"

又,宋代绍昙《五家正宗赞》卷一《南泉愿禅师》等,亦有著录,谓争猫儿者为两堂首座。

7. 师问南泉:"异即不问。如何是类?"泉以两手托地,师便踢①倒,却归涅槃堂内,叫:"悔!悔!"泉闻,乃令人去问:"悔个什么?"师云:"悔不剩与两踢②。"

【校注】

① "踢",对校本并作"踏"。通。

② "踢",对校本亦皆为"踏"。

按,《联灯会要》卷第六《赵州观音从谂禅师》:"南泉垂语云:'今时人,须向异类中行始得。'师便问:'异即不问。如何是类?'泉以两手托地,师近前一踏踏倒,却向涅槃堂叫云:'悔!悔!'泉令侍者问:'汝悔个甚么?'师云:'悔不更与两踏。'"

《五灯会元》卷第四赵州本传亦载,语句略同于《联灯会要》。然有异文,如"托地",作"拓地"。

8. 南泉从浴室里过,见浴头烧火,问云:"作什么?"云:"烧浴。"泉云:"记取来唤水牯牛浴。"浴头应诺。至晚间,浴头入方丈,泉问:"作什么?"云:"请水牯牛去浴。"泉云:"将得绳索来不?"浴头无对。师来问讯泉,泉举似师。师云:"某甲有语。"泉便云:"还将得绳索来么?"师便近前,蓦鼻便拽。泉云:"是即是,太粗生。"

【校注】

按,《联灯会要》卷第六《赵州观音从谂禅师》:"南泉见浴头烧浴,乃云:'记取来请水牯牛。'浴头应喏。至晚,上方丈云:'请水牯牛浴。'泉云:'还将得绳索来么?'头无对。泉举似师,师云:'某甲有语。'泉蹑前问,师近前蓦鼻便拽。泉云:'是则是,太粗生。'"

9. 师问南泉:"离四句、绝百非外,请师道。"泉便归方丈。师云:"这老和尚!每常口爬爬①地,及其问著,一言不措。"侍者云:"莫道和尚无语好。"师便打一掌。南泉便掩却方丈门,便把灰围却,问僧云:"道得即开门。"多有人下语,并不契泉意。师云:"苍天!苍天!"泉便开门。

【校注】

① "爬爬",永乐本、径山本作"吧吧"。

按,《景德传灯录》卷第八《池州南泉普愿禅师》:"师一日掩方丈门,将灰围却门外,云:'若有人道得,即开。'或有人祇对,多未惬师意。赵州云:'苍天!'师便开门。"

《联灯会要》卷第六《赵州观音从谂禅师》,言又有异:"师问南泉:'离四句,绝百非,请师道。'泉下座,归方丈。师云:'这老汉!寻常口吧吧地,今日被我一问,直得无言可对,无理可伸。'侍者云:'莫道和尚无语好。'师打侍者一掴,云:'这一掴,合是王老师吃。'"

同书卷第四《池州南泉普愿禅师》又载后半段,语曰:"师一日闭却方丈门,将灰围却门外,云:'有人道得,即开门。'众祇对,多不契。赵州云:'苍天!苍天!'师便开门。"

10. 师问南泉云:"心不是佛,智不是道。还有过也无?"泉云:"有。"师云:"过在什么处?请师道。"泉遂举,师便出去。

11. 师①上堂。谓众曰:"此事的的没量,大人出这里不得。老僧到沩山,僧问:'如何是祖师西来意?'沩山云:'与我将床子来!'若是宗师,须以本分事接人始得。"时有僧问:"如何是祖师西来意?"师云:"庭前柏树子。"学云:"和尚莫将境示人。"师云:"我不将境示人。"云:"如何是祖师西来意?"师云:"庭前柏树子。"

【校注】

①"师",永乐本无。

按,《祖堂集》卷第十八《赵州和尚》将此则析为两条:"师问沩山:'如何是祖师意?'沩山唤侍者:'将床子来!'"

"问:'如何是祖师西来意?'师云:'亭前柏树子。'僧云:'和尚莫将境示人。'师云:'我不将境示人。'僧云:'如何是祖师西来意?'师云:'亭前柏树子。'"

《联灯会要》卷第六《赵州观音从谂禅师》,略同于《祖堂集》:"示众云:'此事的的没量,大人出这里不得。老僧到沩山,见僧问:"如何是祖师西来意?"山云:"与我过床子来。"若是宗师,须以本分事接人始得。'时有僧问:'如何是祖师西来意?'师云:'庭前柏树子。'僧云:'和尚莫将境示人。'师云:'我不将境示人。'僧云:'如何是祖师西来意?'州云:'庭前柏树子。'五祖戒云:'和尚何以将别人物作自己受用?'"其异文虽不多,却颇有助焉。

《五灯会元》卷第四赵州本传,只记与僧问答"如何是祖师西来意"以后数句。

12. 师又云:"老僧九十年前见马祖大师下八十余员善知识,个个俱是作家。不似如今知识,枝蔓上生枝蔓。大都①是去圣遥远,一代不如一代。只如南泉寻常道'须向异类中行',且作么生会?如今黄口小儿,向十字街头说葛藤,博饭噇,觅礼拜;聚三五百众,云:'我是善知识,你是学人。'"

【校注】

① "大都",底本倒乙。据对校本改。

13. 僧问:"如何是清净伽蓝?"师云:"丫角女子。""如何是伽蓝中人?"师云:"丫角女子有孕。"

14. 问:"承闻和尚亲见南泉,是否?"师云:"镇州出大萝卜头。"

【校注】

按,《联灯会要》卷第六《赵州观音从谂禅师》亦著录,唯少一"问"字尔。

《五灯会元》卷第四《赵州从谂禅师》,同于底本。

15. 问:"和尚生缘什么处?"师以手指云:"西边更向西。"

16. 问:"法无别法。如何是法?"师云:"外空,内空,内外空。"

17. 问:"如何是佛真法身?"师云:"更嫌什么!"

18. 问:"如何是心地法门?"师云:"古今榜样。"

19. 问:"如何是宾中主?"师云:"山僧不问妇。""如何是①主中宾?"师云:"老僧无丈人。"

【校注】

①"是",永乐本无。

按,《五灯会元》卷第四赵州本传,"老僧无丈人"作"山僧无丈人"。

20. 问:"如何是一切法常住?"师云:"老僧不讳祖。"其僧再问,师云:"今日不答话。"

21. 师①上堂。云:"兄弟!莫久立。有事商量;无事,向衣钵下坐穷理好。老僧行脚时,除二时斋粥是杂用心力处,余外更无别用心处也。若不如此出家,大远在。"

【校注】

①"师",永乐本无。

按,《联灯会要》卷第六《赵州观音从谂禅师》:"示众云:'兄弟!莫久立。有事商量;无事,向衣钵下穷理好。老僧行脚时,除二时粥饭是杂用心,余外更无别用心处。若不如此,出家大远在。'"

《五灯会元》卷第四赵州本传亦载:"乃曰:'兄弟!莫久立。有事商量;无事,向衣钵下坐穷理好。老僧行脚时,除二时粥饭是杂用心处,除外更无别用心处。若不如是,大远在。'"

22. 问:"万物中何物最坚?"师云:"相骂饶汝①接嘴,相唾饶汝泼水。"

【校注】
① "汝",永乐本作"你"。

23. 问:"晓夜不停时,如何?"师云:"僧中无与么两税百姓。"

24. 问:"如何是一句?"师①云:"若守著②一句,老却你。"师又云:"若一生不离丛林,不语十年五载,无人唤你作哑汉;已后,佛也不奈你何。你若不信,截取老僧头去。"

【校注】
① "师",永乐本无。
② "著",永乐本作"着"。

按,《联灯会要》卷第六《赵州观音从谂禅师》:"示众云:'你若一生不离丛林,不语十年五载,无人唤你作哑汉。已后,佛也不奈你何。'"

《五灯会元》卷第四赵州本传:"师谓众曰:'你若一生不离丛林,不语五年十载,无人唤你作痖("痖",同"哑")汉。已后,佛也不奈你何。你若不信,截取老僧头去。'"

25. 师上堂。云:"兄弟!你正在第三冤里。所以道:但改旧时行履处,莫改旧时人。共你各自家出家,比来无事,更问禅问道,三十、二十人聚头来问,恰似欠伊禅道相似。你唤作善知识,我是同受栲老僧,不是戏好。恐带累他古人,所以东道西说。"

26. 问:"十二时中,如何用心?"师云:"你被十二时使,老僧使得十二时。你问那个时?"

【校注】
按,《联灯会要》卷第六《赵州观音从谂禅师》:"问:'十二时中,如何用心?'师云:'汝被十二时使,老僧使得十二时。'"

《五灯会元》卷第四赵州本传:"有问:'十二时中,如何用心?'师曰:'汝被十二时辰使,老僧使得十二时。'"

27. 问："如何是赵州主人公？"师咄云："这箍桶汉！"学人应喏。师云："如法箍桶著①。"

【校注】
①"著"，永乐本、径山本皆作"着"。

28. 问："如何是学人本分事？"师云："树摇鸟散，鱼惊水浑。"

29. 问："如何是少神底人？"师云："老僧不如你。"学云："不占胜。"师①云："你因什么少神？"

【校注】
①"师"，底本无。据两种对校本补。

30. 问："'至道无难，唯嫌拣择。'是时人窠窟？"师云："曾有问我，直得五年分疏不得。"

【校注】
按，《五灯会元》卷第四赵州本传："别僧问：'"至道无难，唯嫌拣择"。是时人窠窟否？'师曰：'曾有人问我，老僧直得五年分疏不下。'"

31. 有官人问："丹霞烧木佛，院主为什么眉须堕落？"师云:"官人宅中变生作熟,是什么人?"云:"所使。"师云:"却是他好手。"

32. 问①:"毗目仙人执善财手见微尘佛时,如何?"师遂执僧手,云:"你见个什么?"

【校注】
① "问"前,径山本有一"僧"字。

33. 有尼问:"如何是沙门行?"师云:"莫生儿。"尼云:"和尚勿交涉。"师云:"我若共你打交涉,堪作什么!"

34. 问:"如何是赵州主人公?"师云:"田库奴。"

35. 问:"如何是王索仙陀婆?"师云:"你道老僧要个什么!"

36. 问:"如何是①玄中玄?"师云:"说什么玄中玄!七中七?八中八?"

【校注】
① "是",底本无。据对校本补。

37. 问:"如何是仙陀婆?"师云:"静处萨婆诃。"

38. 问:"如何是法非法?"师云:"东西南北。"学云:"如何会去?"师云:"上下四维。"

39. 问:"如何是玄中玄?"师云:"这僧若在,合年七十四五。"

【校注】

按,《祖堂集》卷第十八《赵州和尚》:"问:'如何是玄中又玄?'师云:'那个师僧若在,今年七十四也。'"

40. 问:"王索仙陀婆时,如何?"师蓦起,打躬叉手。

41. 问:"如何是道?"师云:"不敢。不敢。"

42. 问:"如何是法?"师云:"敕敕摄摄。"

43. 问:"赵州去镇府多少?"师云:"三百。"学云:"镇府来赵州多少?"师云:"不隔。"

44. 问:"如何是①玄中玄?"师云:"玄来多少时也?"学云:"玄来久矣。"师云:"赖遇老僧,洎合玄杀这屡生。"

【校注】

此则,永乐本无。

① "是",底本无。据径山本补。

按,《景德传灯录》卷第十赵州本传:"僧问:'如何是玄中玄?'师云:'汝玄来多少时耶?'僧云:'玄之久矣。'师云:'阇梨若不遇老僧,几被玄杀。'"

《联灯会要》卷第六《赵州观音从谂禅师》:"僧问:'如何是玄中玄?'师云:'汝玄来多少时了也?'云:'玄来久矣。'师云:'汝若不遇老僧,几被玄杀。'"

《五灯会元》卷第四《赵州从谂禅师》,言辞近于《景德传灯录》。

45. 问:"如何是学人自己?"师云:"还见庭前柏树子么?"

46. 师①上堂。云:"若是久参底人,莫非真实,莫非亘古亘今。若是新入众底人②,也须究理始得,莫趁者边三百五百一千傍边。二众丛林称道:'好个住持!'泊乎问著③佛法,恰似炒④砂作饭相似,无可施为,无可下口;却言:'他非我是。'面赫赤地。良由世间出非法语。真实欲明者意,莫辜负老僧。"

【校注】

① "师",永乐本无。

② "人",永乐本无。
③ "问著",永乐本作"道著"。
④ "炒",永乐本作"炊"。

47. 问:"在尘为诸圣说法,总属披搭。未审和尚如何示人?"师云:"什么处见老僧?"学云:"请和尚说。"师云:"一堂师僧,总不会这僧语话。"别有一僧问:"请和尚说。"师云:"你说,我听。"

48. 问:"真化无迹。无师、弟子时,如何?"师云:"谁叫你来问?"学云:"更不是别人。"师便打之。

49. 问:"此事如何辨?"师云:"我怪你。"学云:"如何辨得?"师云:"我怪你不辨。"学云:"还保任否?"师云:"保任不保任,自看。"

50. 问:"如何是无知解底人?"师云:"说什么事!"

51. 问:"如何是西来意?"师下禅床。学云:"莫便是否?"师云:"老僧未有语在。"

【校注】
永乐本无。

按，《景德传灯录》卷第十赵州本传："僧问：'如何是西来意？'师下禅床立。僧云：'莫即这个便是否？'师云：'老僧未有语在。'"

《五灯会元》卷第四《赵州从谂禅师》，大致同于《景德传灯录》。然"即"作"只"。

52. 问："佛法久远，如何用心？"师云："你见前汉、后汉把揽天下，临终时，半钱也无分。"

53. 问："时人以珍宝为贵，沙门以何为贵？"师云："急合取口。"学云："合口还得也无？"师云："口若不合，争能辨得？"

54. 问："如何是赵州一句？"师云："半句也无。"学云："岂无和尚在？"师云："老僧不是一句。"

【校注】

永乐本无。

按，《景德传灯录》卷第十赵州本传："僧问：'如何是赵州一句？'师云：'老僧半句也无。'僧云：'岂无和尚在？'师云：'老僧不是一句。'"

《联灯会要》卷第六《赵州观音从谂禅师》："问：'如何是赵州一句？'师云：'老僧半句也无。'"

《五灯会元》卷第四赵州本传,亦有类似于《景德传灯录》的言辞。

55. 问:"如何得不被诸境惑?"师垂一足,僧便出鞋。师收起足,僧无语。

56. 有俗官问:"佛在日,一切人生皈依①;佛灭度后,一切众生归依②什么处?"师云:"未有众生。"学云:"现问次。"师云:"更觅什么佛!"

【校注】
① "皈依",永乐本误作"皈依"。
② "归依",径山本作"皈依"。永乐本误作"皈依"。

57. 问:"还有不报四恩三有者也①无?"师云:"有。"学云:"如何是?"师云:"这杀父汉!算你只少此一问。"

【校注】
① "也",永乐本无。

58. 问:"如何是和尚意?"师云:"无施设处。"

59. 师①上堂。云:"兄弟!但改往修来。若不改,大有著②你处在。老僧在此间三十余年,未曾有一个禅师到此间。设有来,一宿一食急走过,且趁软暖处去也。"

【校注】

① "师",永乐本无。

② "著",永乐本作"着"。

60. 问:"忽遇禅师到来,向伊道什么?"师云:"千钧之弩,不为鼷鼠而发机。"师云:"兄弟!若从南方来者,即与下载;若从北方来,即与①装载。所以道②,近上人问道,即失道;近下人问道者,即得道。兄弟!正人说邪法,邪法亦随正;邪人说正法,正法亦随邪。诸方难见易识,我者里易见难识。"

【校注】

① "与",永乐本作"为"。

② "道",永乐本无。

按,《祖堂集》卷第十八赵州本传,颇有助于理解此问答:"师云:'自住已(通"以")来,未曾遇著一个本色禅师。'时有人问:'忽遇时如何?'师云:'千钧之弩,不为奚鼠而发机。'"

《联灯会要》卷第六《赵州观音从谂禅师》:"示众云:'兄弟!若从南方来者,即与下载;若从北方来者,即与上载。所以道,近上人问道,即失道;近下人问道,即得道。兄弟!正人说邪法,邪法悉皆正;邪人说正法,正法悉皆邪。诸方难见易识,我这里易见难识。'"

《五灯会元》卷第四赵州本传,则将赵州所说的第二段话分成两截,彼此间隔得很远,可能是认为说法的时间不同:"上堂。'兄弟!若从南方来者,即与下载;若从北方来者,即与上载。所以道,近上人问道,即失道;近下人问道,即得道。'……"

"上堂。'正人说邪法,邪法悉皆正;邪人说正法,正法悉皆邪。诸方难见易识,我这里易见难识。'"

61. 问:"善恶惑①不得底人,还独脱也无?"师②云:"不独脱。"学云:"为什么不独脱?"师③云:"正在善恶里。"

【校注】
① "惑",底本作"或"。据对校本改。
② "师",永乐本无。
③ "师",永乐本无。

62. 尼问:"离却上来说处,请和尚指示。"师咄云:"煨破铁瓶。"尼将铁瓶添水来:"请和尚答话。"师笑之。

63. 问:"世界变为黑穴,未审此个落在何路?"师云:

"不占。"学云:"不占是什么人?"师云:"田库奴。"

64. 问:"无言无意,始称得句。即是无言,唤什么作句?"师云:"高而不危,满而不溢。"学云:"即今和尚是满?是溢?"师云:"争奈你问我。"

65. 问:"如何是灵者?"师云:"净地上屙一堆屎。"学云:"请和尚的旨。"师云:"莫恼乱老僧。"

66. 问:"法身无为,不堕诸数,还许道也无?"师云:"作么生道?"学云:"与么,即不道也。"师笑之。

67. 问:"如何是佛?如何是众生?"师云:"众生即是佛,佛即是众生。"学云:"未审两个,哪个是众生?"师云:"问!问!"

68. 问:"大道无根,如何接唱?"师云:"你便接唱。"云①:"无根②又作么生?"师云:"既是无根,什么处系缚你?"

【校注】

① "云",径山本无。
② "师云:你便接唱云无根"数字,永乐本以双行小字

而羼入正文之间。

69. 问:"正修行底人,莫被鬼神测得也无?"师云:"测得。"云:"过在什么处?"师云:"过在觅处。"云:"与么,即不修行也?"师云:"修行。"

70. 问:"孤月当空,光从何生?"师云:"月从何生。"

71. 问:"承和尚有言:'道不属修,俱①莫染污。'如何是不染污?"师云:"检校②内外。"云:"还自检校也无?"师云:"检校。"云:"自己有什么过,自检校?"师云:"你有什么事?"

【校注】
①"俱",永乐本作"但"。
②此处及以下数个"检校",永乐本皆作"捡校"。

72. 师上堂。云:"此事如明珠在掌,胡来胡现,汉来汉现。老僧把一枝草作丈六金身用,把丈六金身作一枝草用。佛即是烦恼,烦恼即是佛。"问:"佛与谁人为烦恼?"师云:"与一切人为烦恼。"云:"如何免得?"师云:"用免作么!"

【校注】
永乐本无。

按，《景德传灯录》卷第十赵州本传："上堂。示众云：'如明珠在掌，胡来胡现，汉来汉现。老僧把一枝草为丈六金身用，把丈六金身为一枝草用。佛是烦恼，烦恼是佛。'时有僧问：'未审佛是谁家烦恼？'师云：'与一切人烦恼。'僧云：'如何免得？'师云：'用免作么？'"

《联灯会要》卷第六《赵州观音从谂禅师》："示众云：'此事如明珠在掌，胡来胡现，汉来汉现。老僧将一枝草作丈六金身，将丈六金身作一枝草。佛即是烦恼，烦恼即是佛。'"

《五灯会元》卷第四《赵州从谂禅师》，近于《景德传灯录》。

73. 师[①]示众云："老僧此间[②]，即以本分事接人。若教老僧随伊根机接人，自有三乘十二分教接他了也。若是不会，是谁过欤？已后遇著作家汉，也道老僧不辜他。但有人问，以本分事接人。"

【校注】

① "师"，永乐本无。
② "间"，底本作"问"。据对校本改。

74. 问："从上至今，即心是佛。不即心，还许学人商量也无？"师云："即心且置。商量个什么？"

75. 问:"古镜不磨,还照也无?"师云:"前生是因,今生是果。"

76. 问:"三刀未落时,如何?"师云:"森森地。"云:"落后如何?"师①云:"迥迥地。"

【校注】
①"师",永乐本无。

77. 问:"如何是出三界底人?"师云:"笼罩不得。"

78. 问:"牛头未见四祖,百鸟衔花供养。见后,为什么百鸟不衔花供养?"师云:"应世,不应世。"

79. 问:"白云自在时,如何?"师云:"争似春风处处闲。"

80. 问:"如何是露地白牛?"师云:"月下不用色。"云:"食啖何物?"师云:"古今嚼不著。"云:"请师答话。"师云:"老僧合①与么?"

【校注】
①"合",底本、永乐本皆作"答"。据径山本改。

81. 师示众云："拟心即差。"僧便问："不拟心时,如何?"师打三①下,云："莫是老僧辜负阇梨②么?"

【校注】
①"三",底本作"二"。据对校本改。
②"梨",径山本作"黎"。

82. 问："凡有问答,落在意根。不落意根,师如何对?"师云："问。"学云："便请师道。"师云："莫向这①里是非。"

【校注】
①"这",对校本作"者"。

83. 问："龙女亲献佛,未审将什么献?"师以两手作献势。

84. 师①示众云："此间佛法,道难即易,道易即难。别处难见易识,老僧者里即易见难识。若能会得,天下横行。""忽有人问'什么处来',若向伊道'从赵州来',又谤赵州;若道'不从赵州来',又埋没自己。诸人且作么生对他?"僧问:"触目是谤和尚,如何得不谤去?"师云:"若道不谤,早是谤了也。"

【校注】
①"师",永乐本无。

85. 问:"如何是正修行路?"师云:"解修行即得。若不解修行,即参差落他因果里。"又云:"我教你道,若有问时,但向伊道:'赵州来。'忽问:'赵州说什么法?'但向伊道:'寒即言寒,热即言热。'若更问道:'不问者个事。'但云:'问什么事?'若再问:'赵州说什么法?'便向伊道:'和尚来时不教①传语。上座若要知赵州事,但自去问取。'"

【校注】

①"教",对校本作"交"。

按,《祖堂集》卷第十八《赵州和尚》:"问:'学人去南方,忽然雪峰问赵州意,作么生祇对?'师云:'遇冬则寒,遇夏则热。'进曰:'究竟赵州意旨如何?'师云:'亲从赵州来,不是传语人。'其僧到雪峰,果如所问,其僧一一如上举对。雪峰曰:'君子千里同风。'"

《景德传灯录》卷第十赵州本传:"有僧辞,师问:'什么处去?'僧云:'雪峰去。'师云:'雪峰忽若问汝云"和尚有何言句",汝作么生祇对?'僧云:'某甲道不得,请和尚道。'师云:'冬即言寒,夏即道热。'又云:'雪峰更问汝"毕竟事作么生"。'其僧又云:'道不得。'师云:'但道:"亲从赵州来,不是传语人。"'其僧到雪峰,一依前语举似雪峰,雪峰云:'也须是赵州始得。'玄沙闻云:'大小赵州,败阙也不知。'云居锡云:'什么处是赵州败阙?若检得出,是上座眼。'"

《联灯会要》卷第六《赵州观音从谂禅师》:"有僧辞往雪峰,师云:'雪峰忽问汝:"和尚有何言句?"作么生祗对?'云:'某甲道不得,请和尚道。'师云:'冬即言寒,夏即言热。'又云:'忽更问汝:"毕竟事作么生?"汝又如何?'僧又云:'道不得。'师云:'但道:"某甲亲从赵州来,不是传语汉。"'其僧到雪峰,峰问:'甚处来?'云:'赵州。'峰云:'有何言句?'僧举前话,峰云:'须是我赵州始得。'玄沙云:'大小赵州,败阙也不知。'"

《五灯会元》卷第四《赵州从谂禅师》,文几同于《景德传灯录》。唯"一依前语举似雪峰",作"一依前语祗对"。

86. 问:"不顾前后时,如何?"师云:"不顾前后且置。你问阿谁?"

87. 师①示众云:"迦叶传与阿难。且道达磨传与什么人?"

【校注】

① "师",永乐本无。

88. 问:"且如二祖得髓,又作么生?"师云:"莫谤二祖。"师又云:"达磨也有语:'在外者得皮,在里者得骨。'且道更在里者,得什么?"

89. 问:"如何是得髓底道理?"师云:"但识取皮。老僧者里,髓也不立。"云:"如何是髓?"师云:"么与,皮也摸未着①。"

【校注】

①"着",对校本作"著"。通。

90. 问:"与么堂堂,岂不是和尚正位?"师云:"还知有不肯者么?"学云:"与么,即别有位?"师云:"谁是别者?"学云:"谁是不别者?"师云:"一任叫!"

91. 问:"上上人一拨便转。下下人来时,如何?"师云:"汝是上上?下下?"云:"请和尚答话。"师云:"话未有主在。"云:"某甲七千里来,莫作心行。"师云:"据你者一问,心行莫不得么?"此僧一宿便去。

92. 问:"不绍傍来者,如何?"师云:"谁?"学云:"惠延。"师云:"问什么?"学云:"不绍傍来者。"师以手抚之。

93. 问:"如何是衲衣下事?"师云:"莫自瞒。"

94. 问:"真如凡圣,皆是梦言。如何是真言?"师云:"更不道者两个。"学云:"两个且置。如何是真言?"师云:

"唵嘟啉哎。"

95. 问："如何是赵州？"师云："东门，西门，南门，北门。"

【校注】

按，宋临济宗杨岐派克勤约成书于政和年间（1111~1118）的《碧岩录》，卷一《第九则〈赵州四门〉》所引，则多出数语："这僧问：'如何是赵州？'赵州是本分作家，便向道：'东门，西门，南门，北门。'僧云：'某甲不问这个赵州。'州云：'你问那个赵州？'"

《联灯会要》卷第六《赵州观音从谂禅师》："僧问：'如何是赵州？'师云：'东门，西门，南门，北门。'雪窦颂云：'句里呈机劈面来，烁迦罗眼绝纤埃。东西南北门相对，无限轮锤击不开。'"

又，《五灯会元》卷第四赵州本传亦收录，约同于《联灯会要》，只是无雪窦颂。

96. 问："如何是定？"师云："不定。"学云："为什么不定？"师云："活物！活物！"

97. 问："不随诸有时，如何？"师①云："合与么。"学云："莫便是学人本分事？"师云："随也，随也。"

【校注】

① "师",永乐本无。

98. 问:"古人三十年一张弓、两下箭,只射得半个圣人。今日请师全射。"师便起去。

99. 师示众云:"'至道无难,唯嫌拣择。'才有言语,是拣择?是明白①?老僧却②不在明白里,是你向什么处见祖师③?"问:"和尚既不在明白里,又护惜个④什么处?"师云:"我亦不知。"学云:"和尚既自⑤不知,为什么道不在明白里?"师云:"问事即得。"礼拜了退⑥。

【校注】

① "是明白",据对校本补。
② "是明白老僧却"六字,永乐本为双行小字。
③ "向什么处见祖师",对校本作"还护惜也无"。
④ "又"、"个",据对校本补。"又护惜个"四字,永乐本为双行小字。
⑤ "自",对校本无。
⑥ "了",据对校本补。"了退"二字,永乐本为双行小字。

按,《联灯会要》卷第六《赵州观音从谂禅师》:"示众云:'至道无难,唯嫌拣择。才有语言,是拣择?是明白?老僧不在明白里,是汝诸人还护惜也无?'僧云:'和尚既不在明白里,护惜个甚么?'师云:'我亦不知。'云:'和尚既不知,为甚么道不在明白里?'师云:'问事即得。'礼拜了退。"

《五灯会元》卷第四亦著录,唯言辞略异于《联灯会要》。

100. 师①示众云:"法本不生,今则无灭。更不要道,才语是生,不语是灭②。诸人,且作么生是不生不灭底道理?"问:"早③是不生不灭么?"师云:"者汉只认得个死语。"

【校注】

① "师",永乐本无。

② "灭",底本作"默"。据对校本改。

③ "早",底本、径山本、《古尊宿语要》作"草"。据永乐本改。

101. 问:"'至道无难,唯嫌拣择'。才有言语,是拣择。和尚如何示人?"师云:"何不尽引古人语?"学云:"某甲只道得到者①里。"师云:"只这'至道无难,唯嫌拣择'。"

【校注】

① "者",对校本作"这"。

按,《联灯会要》卷第六《赵州观音从谂禅师》:"僧问:

'"至道无难,唯嫌拣择"。和尚如何为人?'师云:'何不引尽此语?'云:'某甲只念得到这里。'师云:'只这"至道无难,唯嫌拣择"。'"

《五灯会元》卷第四赵州本传:"问:'"至道无难,唯嫌拣择"。才有语言,是拣择。和尚如何为人?'师曰:'何不引尽此语?'僧曰:'某甲只念得到这里。'师曰:'"至道无难,唯嫌拣择"。'"

102. 上堂。示众①云:"看经也在生死里,不看经也在生死里。诸人且作么生出得去?"僧便问:"只如俱不留时,如何?"师云:"实即得。若不实,争能出得生死?"

【校注】

① "示众",对校本无。

103. 问:"利剑锋头快时,如何?"师云:"老僧是利剑,快在什么处?"

104. 问:"大难到来,如何回避?"师云:"恰好。"

105. 上堂。良久。"大众总来也未?"对云:"总来也。"师云:"更待一人来,即说话。"僧云:"候无人来,即说似和尚。"师云:"大难得人。"

106. 师①示众云:"心生即种种法生,心灭即种种法灭。你诸人作么生?"僧乃问:"只如不生不灭时,如何?"师云:"我许你者一问。"

【校注】
① "师",永乐本无。

107. 师因参次,云:"明又未明,道昏欲晓。你在阿那头?"僧云:"不在两头。"师云:"与么,即在中间也?"云:"若在中间,即在两头。"师云:"这僧多少时在老僧这①里?作与么语话,不出得三句里。然直饶出得,也在三句里。你作么生?"僧云:"某甲使得三句。"师云:"何不早与么道!"

【校注】
① "这",永乐本作"者"。

108. 问:"如何是通方?"师云:"离却金刚禅。"

109. 师①示众云:"衲僧家直须坐断报化佛头,始得。"问:"坐断报化佛头,是什么人?"师云:"非你境界。"

【校注】
① "师",永乐本无。

110. 师①示众云："大道只在目前，要且难睹。"僧乃问："目前有何形段，令学人睹？"师云："任你江南、江北。"学云："和尚岂无方便为人？"师云："适来问什么？"

【校注】

①"师"，永乐本无。

111. 问："入法界来，还知有也无？"师云："谁入法界？"学云："与么，即入法界不知去也？"师云："不是寒灰死木，花锦成现百种。"有学云："莫是入法界处用也无？"师云："有什么交涉？"

112. 问："若是实际理地，什么处得来？"师云："更请阇梨①宣一②遍。"

【校注】

①"梨"，径山本作"黎"。
②"一"，底本此处空格。据对校本补。

113. 问："万境俱起，还有惑不得者也无？"师云："有。"学云："如何是惑不得者？"师①云："你还信有佛法否？"学云："信有佛法，古人道了。如何是惑不得者？"师②云："为什么③不问老僧？"学云："问了也。"师云："惑也。"

【校注】

① "师",永乐本无。

② "师",永乐本无。

③ "什么",永乐本作"甚么"。

114. 问:"未审古人与今人还相近也无?"师云:"相近即相近,不同一体。"学云:"为什么不同?"师云:"法身不说法。"学云:"法身不说法,和尚为人也无?"师云:"我向惠里答话。"学云:"争道法身不说法?"师云:"我向惠里救你,阿爷他终不出头。"

115. 问:"学人道不相见时,还回互①也无?"师云:"测得回互②。"学云:"测他不得,回互③个什么?"师云:"不与么,是你自己。"学云:"和尚还受测也无?"师云:"人即④转近,道即转远也。"学云:"和尚为什么自隐去?"师云:"我今见⑤共你语话。"学云:"争道不转?"师云:"合与么著。"

【校注】

①底本作"牙","互"的俗体牙之讹变。永乐本为俗体,径山本作"互"。

②底本作"牙","互"的俗体牙之讹变。永乐本正为俗体。径山本,正体。

③"互",径山本同。永乐本为俗体。
④"即",底本无。据对校本改。
⑤"见",径山本作"现"。

116. 师①示众云:"教化得底人是今生事,教化不得底人是第三生冤。若不教化,恐堕却一切众生;教化,亦是冤。是你还教化也无?"僧云:"教化。"师云:"一切众生,还见你也无?"学云:"不见。"师云:"为什么不见?"学云:"无相。"师云:"即今还见老僧否?"学云:"和尚不是众生。"师云:"自知罪过,即得。"

【校注】
①"师",永乐本无。

117. 师①示众云:"龙女心亲献,尽是自然事。"问:"既是自然,献时为什么?"师云:"若不献,争知自然?"

【校注】
①"师",永乐本无。

118. 师示众云:"八百个作佛汉,觅一个道人难得。"

119. 问:"只如无佛无人处,还有修行也无?"师云:"除却者两个,有百千万亿。"学云:"道人来时,在什么处?"师云:"你与么,即不修行也。"其僧礼拜。师云:"大有处著你在。"

120. 问:"白云不落时,如何?"师①云:"老僧不会上象。"学云:"岂无宾主?"师云:"老僧是主,阇梨②是宾。白云在什么处?"

【校注】

① "师",永乐本无。
② "梨",径山本作"黎"。

121. 问:"大巧若拙时,如何?"师云:"丧却栋梁材。"

122. 师①示众云:"佛之一字,吾不喜闻。"问:"和尚还为人也无?"师云:"为人。"学云:"如何为人?"师云:"不识玄旨,徒劳念静。"学云:"既是玄,作么生是旨?"师云:"我不把本。"学云:"者个是玄,如何是旨?"师云:"答你是旨。"

【校注】

请参看第381则。
① "师",永乐本无。

按,《祖堂集》卷第十八赵州本传:"师有时云:'佛之一字,吾不喜闻。'僧问:'师还为人不?'师云:'佛也,佛也。'"

《联灯会要》卷第六《赵州观音从谂禅师》:"师垂语云:'佛之一字,吾不喜闻。'又云:'不识玄旨,徒劳念静。'僧问:'如何是玄旨?'师云:'壁上挂钱财。'"

123. 师①示众云:"各自有禅,各自有道。忽有人问你:'作么生是禅、是道?'作么生祇对他?"僧乃问:"既各有禅、道,从上至今语话,为什么?"师云:"为你游魂。"学云:"未审如何为人?"师乃退身不语。

【校注】

① "师",永乐本无。

124. 师示众①云:"不得闲过,念佛念法。"僧乃问:"如何是学人自己念?"师云:"念者是谁?"学云:"无伴。"师叱:"者驴!"

【校注】

① "师",永乐本无。"示众",永乐本作"示僧"。

125. 上堂。示众云:"若是第一句,与祖佛为师;第二句,与人天为师;第三句,自救无疗①。"有僧问:"如何是第一句?"师云:"与祖佛为师。"师又云:"大好从头起。"学人再问,师云:"又却人天去也。"

【校注】

① "无疗",径山本作"不了"。

126. 师示众云:"是他不是不将来,老僧不是不祇对。"僧云:"和尚将什么祇对?"师长吁一声。云:"和尚将者个①祇对,莫辜负学人也无?"师云:"你适来肯我,我即辜负你。若不肯我,我即不辜负你。"

【校注】

① "者个",永乐本作"这个"。

127. 师①示众云:"老僧今夜答话去也,解问者出来。"有僧②才出礼拜,师云:"比来抛砖引玉,只得个墼子。"

【校注】

① "师",永乐本无。
② "僧",底本作"曾"。据对校本改。

按,《景德传灯录》第十赵州本传:"大众晚参,师云:'今夜答话去也,有解问者出来。'时有一僧便出礼拜,师云:'比来抛砖引玉,却引得个墼子。'保寿云:'射虎不真,徒劳没羽。'长庆问觉上座云:'那僧才出礼拜,为甚么便收伊为墼子?'觉云:

'适来那边亦有人恁么问。'庆云：'向伊道什么？'云：'也向伊恁么道。'玄觉云：'什么处却成墼子去？丛林中道，才出来，便成墼子。只如每日出入行住坐卧，不可总成墼子也。且道这僧出来，具眼？不具眼？'"

宋雪窦重显（980~1052）撰《明觉禅师语录》卷三，所举话头亦有："赵州示众云：'今夜答话去，有解问者，出来。'时有僧出，州云：'比来抛砖引玉，引得个墼子。'"

《联灯会要》卷第六《赵州观音从谂禅师》："师小参，示众云：'今夜答话去也，有会问者出来。'时有僧才出礼拜，师云：'抛砖引玉，引得个墼子。'后法眼问觉铁嘴：'先师意作么生？'觉云：'如国家拜将，乃问："甚人去得？"或云："某甲去得。"复云："汝去不得。"'眼云：'我会也。'雪窦云：'灵利汉，闻举便知落处。然虽如是，放过觉铁嘴。夫宗师语不虚发，出来必是作家。因甚么抛砖引墼？诸禅德，要识赵州么？从前汉马无人识，只要重论盖代功。'"

《五灯会元》卷第四《赵州从谂禅师》，几同于《景德传灯录》。

128. 问："狗子还有佛性也无？"师云："无。"学云："上至诸佛，下至蚁子，皆有佛性。狗子为什么无？"师云："为伊有业识性在。"

【校注】

按，《联灯会要》卷第六《赵州观音从谂禅师》："僧问：

'狗子还有佛性也无?'师云:'无。'五祖演颂云:'赵州露刃剑,寒霜光焰焰。更拟问如何,分身作两段。'妙喜颂云:'有问狗佛性,赵州答云无。言下灭胡族,犹为不丈夫。'僧云:'上至诸佛,下及蝼蚁,皆有佛性。狗子为甚么却无?'师云:'为伊有业识在。'真净文颂云:'言有业识在,谁云意不深?海枯终见底,人死不知心。'"

《五灯会元》卷第四赵州本传亦有著录,语但稍异。如"蚁子",作"蝼蚁"。

《五家正宗赞》卷第一《赵州真际禅师》:"僧问:'狗子还有佛性也无?'师曰:'无。'僧云:'一切众生皆有佛性,狗子因甚却无?'师曰:'为伊有业识在。'"

元代万松行秀《从容录》卷二《第十八则〈赵州狗子〉》中,引用宋代天童正觉颂古之"本则",前面多出数句,内容更显丰富:"僧问赵州:'狗子还有佛性也无?'州云:'有。'僧云:'既有,为甚么却撞入这个皮袋?'州云:'为他知而故犯。'又有僧问:'狗子还有佛性也无?'州曰:'无。'僧云:'一切众生皆有佛性,狗子为什么却无?'州云:'为伊有业识在。'"

129. 问:"如何是法身?"师云:"应身。"云:"学人不问应身。"师云:"你但管应身。"

130. 问:"朗月当空时,如何?"师[1]云:"阇梨[2]名什么?"学云:"某[3]甲。"师云:"朗月当空在什么处?"

【校注】

① "师",永乐本无。
② "梨",径山本作"黎"。
③ "某",底本误作"专"。据对校本改。

131. 问:"正当二八时,如何?"师云:"东东西西。"学云:"如何是东东西西?"师云:"觅不著。"

132. 问:"学人全不会时,如何?"师云:"我更不会。"云:"和尚还知有也无?"师云:"我不是木头,作么不知?"云:"大好不会。"师拍掌笑之。

133. 问:"如何是道人?"师云:"我向道是佛人。"

134. 问:"凡有言句,举手动足,尽落在学人网中。离此外,请师道。"师云:"老僧斋了未吃茶。"

135. 马大夫问:"和尚还修行也无?"师云:"老僧若修行,即祸事。"云:"和尚既不修行,教什么人修行?"师云:"大夫是修行底人。"云:"某甲何名修行?"师云:"若不修行,争得扑在人王位中,喂得来赤冻红地,无有解出期?"大夫乃下泪拜谢。

136. 师①示众云:"阇梨②不是不将来,老僧不是不祗对。"又云:"阇梨③莫擎拳合掌,老僧不将禅床拂子对。"

【校注】
① "师",永乐本无。
② "梨",径山本作"黎"。
③ "梨",径山本作"黎"。

137. 问:"思忆不及处,如何?"师云:"过者边来。"云:"过者边来,即是及处。如何是思不及处?"师竖起手,云:"你唤作什么?"云:"唤作手。和尚唤作什么?"师云:"百种名字我亦道。"云:"不及和尚百种名字,且唤什么?"师云:"与么,即你思忆不及处。"僧礼拜。师云:"教你思忆得及者。"云:"如何是?"师云:"释迦教、祖师教是你师。"云:"祖与佛古人道了也。如何是思忆不及处?"师再举指,云:"唤作什么?"僧良久。师云:"何不当头道着①,更疑什么。"

【校注】
① "着",对校本作"著"。通。

138. 问:"如何是和尚家风?"师①云:"老僧耳背,高声问。"僧再问,师云:"你问我家风,我却识你家风。"

【校注】

①"师",永乐本无。

139. 问:"万境俱起时,如何?"师云:"万境俱起。"云:"一问一答是起,如何是不起?"师云:"禅床是不起底。"僧才礼拜次,师云:"记得问答?"云:"记得。"师云:"试举看。"僧拟举,师问①。

【校注】

①"师问",底本无。据对校本补。

140. 问:"如何是目前佛?"师云①:"殿里底。"云:"者个是相貌佛。如何是佛?"师云:"即心是。"云:"即心犹是限量。如何是佛?"师云:"无心是。"学云:"有心、无心,还许学人拣也无?"师云:"有心、无心,总被你拣了也,更教老僧道什么即得?"

【校注】

①"师云"二字,永乐本为双行小字。

141. 问:"远远投师,未审家风如何?"师云:"不说似人。"学云:"为什么不说似人?"师云:"是我家风。"学云:"和尚既不说似人,争奈四海来投?"师云①:"你是海②,我不是海。"学云:"未审海内事如何?"师③云:"老僧钓得一个。"

【校注】

① "师云",永乐本为双行小字。

② "海",底本作"道"。据对校本改。

③ "师",永乐本无。

按,《祖堂集》卷第十八《赵州和尚》:"问:'如何是和尚家风?'师云:'不向你道。'僧云:'为什么不道?'师云:'是我家风。'"

142. 问:"祖佛近不得底,是什么人?"师云:"不是祖佛。"学云:"争奈近不得何?"师云:"向你道不是祖佛,不是众生,不是物,得么?"学云:"是什么?"师云:"若有名字,即是祖佛、众生也。"学云:"不可只与么去也。"师云:"卒未与你去在。"

143. 问:"如何是平常心?"师云:"狐狼野干是。"

【校注】

按,《祖堂集》卷第四赵州本传:"问:'如何是平常心?'师云:'虎狼野干是。'"参第146则校记。

144. 问:"作何方便,即得闻于未闻?"师云:"未闻且置①。你曾闻个什么来?"

【校注】

①"置",永乐本作"致",乃音误也。

145. 问:"承教有言:'随色摩尼珠。'如何是本色?"师召僧名,僧应喏。师云:"过者边来。"僧便过,又问:"如何是本色?"师云:"且随色走。"

146. 问:"平常心底人,还受教化也无?"师云:"我不历他门户。"学云:"与么,则莫沉却那边人么?"师云:"大好平常心!"

【校注】

按,《祖堂集》卷第四赵州本传,将本则与第143则合为一则:"问:'如何是平常心?'师云:'虎狼野干是。'僧云:'还教化也无?'师云:'不历你门户。'僧云:'与么莫平沉那个人也无?'师云:'太好平常心。'"

147. 问:"如何是学人保①任底物?"师云②:"尽未来际拣不出。"

【校注】

①"人",底本无。据对校本补。"人保"二字,永乐本

为双行小字。

②"师云"二字,永乐本为双行小字。

148. 问:"如何是大修行底人?"师云:"寺里纲维是。"

149. 问:"学人才到,总不知门户头事如何?"师云:"上座名什么?"学云:"惠南。"师云:"大好不知。"

150. 问:"学人欲学,又谤于和尚。如何得不谤去?"师云:"你名什么?"学云:"道皎。"师云:"静处去,者米囤子!"

151. 问:"如何是和尚大意?"师云:"无大无小。"学云:"莫便是和尚大意么?"师云:"若有纤毫,万劫不如。"

152. 问:"'万法本闲,而人自闹'是什么人语?"师云:"出来便死。"

153. 问:"不是佛、不是物、不是众生,这个是断语。如何是不断语?"师云:"天上天下,唯我独尊。"

154. 问:"如何是毗卢圆相?"师云:"老僧自小出家,不曾眼花。"学云:"和尚还为人也无?"师云:"愿你长见毗卢圆相。"

【校注】

永乐本无。

按,《景德传灯录》卷第十赵州本传:"僧问:'如何是毗卢圆相?'师云:'老僧自幼出家,不曾眼花。'僧云:'岂不为人?'师云:'愿汝常见毗卢圆相。'"

《联灯会要》卷第六《赵州观音从谂禅师》:"问:'如何是毗卢顶相?'师云:'老僧不曾眼花。'"

《五灯会元》卷第四《赵州从谂禅师》,近于《景德传灯录》。

155. 问:"佛祖在日,佛祖相传。佛祖灭后,什么人传?"师云:"古今总是老僧分上。"学云:"未审传个什么?"师云:"个个总属生死。"云:"不可埋没却祖师也。"师云:"传个什么?"

156. 问:"凡圣俱尽时,如何?"师云:"愿你作大德,老僧是障佛祖汉。"

157. 问:"远闻赵州,到来为什么不见?"师云:"老僧罪过。"

158. 问:"朗月当空,未审室中事如何?"师云:"老僧自出家,不曾作活计。"学云:"与么,即和尚不为今时也?"师云:"自疾不能救,焉能救诸疾!"学云:"争奈学人无依何?"师云:"依即蹋着①地,不依即一任东西。"

【校注】

① "蹋着",对校本作"踏著"。同。

按,《祖堂集》卷第十八赵州本传:"问:'朗月处空时人尽委,未审室内事如何?'师云:'自少出家,不作活计。'学曰:'与么则不为今时去也。'师云:'老僧自疾不能救,争能救得诸人疾?'学曰:'与么则来者无依。'师云:'依则榻("蹋"之误)著地,不依则一任东西。'"

159. 问:"在心心不测时,如何?"师云:"测阿谁?"学云:"测自己。"师云:"无两个。"

160. 问:"不见边表时,如何?"师指净瓶云:"是什么?"学云:"净瓶。"师云:"大好不见边表。"

161. 问:"如何是归根?"师云:"拟即差。"

162. 问:"不离言句,如何得独脱?"师云:"离言句是独脱。"学云:"适来无人教某甲来。"师云:"因什么到此?"学云:"和尚何不拣出?"师云:"我早个拣了也。"

163. 问:"非心不即智,请和尚一句。"师云:"老僧落你后。"

164. 问:"如何是毕竟?"师云:"毕竟。"学云:"那个毕竟是?"师云:"老僧是毕竟,你不解问者话。"学云:"不是不问。"师云:"毕竟在什么处?"

165. 问:"不挂寸丝时,如何?"师云:"不挂什么?"学云:"不挂寸丝。"师①云:"大好不挂寸丝。"

【校注】

① "师",永乐本无。

按,《祖堂集》卷第十八赵州本传:"问:'寸丝不挂时如何?'师云:'不挂什么?'僧云:'不挂寸丝。'师云:'太好不挂。'"

166. 问:"如救头然①底人,如何?"师②云:"便学。"学云:"什么处?"师③云:"莫占他位次。"

【校注】

① "然",径山本作"燃"。"然"可为"燃"的古字。

而径山本此处之燃,误。

② "师",永乐本无。

③ "师",永乐本无。

167. 问:"空劫中,阿谁为主?"师①云:"老僧在里许坐②。"学云:"说甚么③法?"师云:"说你问底。"

【校注】

① "师",永乐本无。

② "坐",永乐本作"也"。

③ "甚么",永乐本作"什么"。

168. 问:"承古有言:'虚明自照。'如何是自照?"师①云:"不称他照。"学云:"照不著处,如何?"师②云:"你话堕也。"

【校注】

① "师",永乐本无。

② "师",永乐本无。

169. 问:"如何是的?"师云①:"一念未起时。"

【校注】

① "师云",永乐本为双行小字。

170. 问:"如何是法王?"师云:"州里大王是。"云:"和尚不是?"师云:"你拟造反①去?都来一个王不认?"

【校注】
①"反",永乐本作"返"。

171. 问:"如何是佛心?"师云:"你是心,我是佛。奉不奉,自看。"学云:"师即不无,还奉得也无?"师云:"你教化我看!"

172. 问:"三身中,那个是本来身?"师云:"阙一不可。"

173. 问:"未审此土谁为祖师?"师云:"达磨来这边,总是。"学云:"和尚是第几祖?"师云:"我不落位次。"学云:"在什么处?"师①云:"在你耳里。"

【校注】
①"师",永乐本无。

174. 问:"不弃本,不逐末,如何是正道?"师①云:"大好出家儿!"学云:"学人从来不曾出家。"师②云:"归依佛?归依法?"学云:"未审有家可出也无?"师③云:"直须出家。"学云:"向什么④处安排他?"师云:"且⑤向家里坐。"

【校注】

① "师",永乐本无。
② "师",永乐本无。
③ "师",永乐本无。
④ "什么",永乐本作"甚么"。
⑤ "且",永乐本作"直"。

175. 问:"明眼人见一切,还见色也无?"师云①:"打却著。"学云:"如何打得?"师②云:"莫用力。"学云:"不用力,如何打得?"师云:"若用力,即乖。"

【校注】

① "师云",底本无"云";永乐本无"师"。
② "师",永乐本无。

176. 问:"祖佛大意,合为什么人?"师①云:"只为今时。"学云:"争奈不得何?"师②云:"谁之过?"学云:"如何承当?"师③云:"如今无人承当得。"学云④:"与么,即无依倚也?"师云:"又不可无却老僧。"

【校注】

① "师",永乐本无。

②"师",永乐本无。

③"师",永乐本无。

④"学云",底本无"学",据对校本补。此二字,永乐本为双行小字。

177. 问:"了事底人,如何?"师①云:"正大修行。"学云:"未审和尚还修行也无?"师②云:"著衣吃饭。"学云:"著衣吃饭寻常事。未审修行也无?"师③云:"你且道我每日作什么?"

【校注】

①"师",永乐本无。

②"师",永乐本无。

③"师",永乐本无。

178. 崔郎中问:"大善知识,还入地狱也无?"师云:"老僧末上入。"崔云:"既是大善知识,为什么入地狱?"师云:"老僧若不入,争得见郎中?"

【校注】

永乐本无。

按,《景德传灯录》卷第十赵州本传:"问:'和尚还入地狱否?'师云:'老僧末上入。'曰:'大善知识,为什么入地狱?'师云:'若不入,阿谁教化汝?'"

《联灯会要》卷第六《赵州观音从谂禅师》:"有官人问:'和尚还入地狱也无?'师云:'老僧末上入。'云:'既是大善知识,为甚么却入地狱?'师云:'我若不入,教阿谁教化你?'"

《五灯会元》卷第四《赵州从谂禅师》,近于《景德传灯录》。

179. 问:"毫厘有差时,如何?"师①云:"天地悬隔。"云:"毫厘无差时,如何?"师②云:"天地悬隔。"

【校注】

① "师",永乐本无。
② "师",永乐本无。

180. 问:"如何是不睡底眼?"师①云:"凡眼,肉眼。"又云:"虽未得天眼,肉眼力如是。"学云:"如何是睡底眼?"师②云:"佛眼、法眼是睡底眼。"

【校注】

① "师",永乐本无。
② "师",永乐本无。

181. 问:"大庾岭头趁得及,为什么提不起?"师拈起衲衣,云:"你甚处得者个来?"学云①:"不问者个。"师云:"与么,即提不起。"

【校注】
①"学云",底本无"学",据对校本补。此二字,永乐本为双行小字。

182. 问:"不合不散,如何辨?"师云:"你有一个,我有一个。"云:"者个是合。如何是散?"师云:"你便合①。"

【校注】
①"合",永乐本误作"答"。

183. 问:"如何是不错路?"师云:"识心见性是不错路。"

184. 问:"明珠在掌,还照也无?"师云:"照即不无。唤什么作珠?"

185. 问:"灵苗无根时,如何?"师云:"你从什么处来?"云:"太原来。"师云①:"大好无根。"

【校注】
①"云",底本无。据对校本补。

186. 问:"学人拟作佛时,如何?"师云:"大煞费力生。"云:"不费力时,如何?"师云:"与么,即作佛去也。"

187. 问:"学人昏钝,在一浮沉。如何得出?"师只据①坐。云:"某甲实问和尚。"师云:"你甚处作一浮一沉?"

【校注】
① "据","踞"之音误。

188. 问:"不在凡,不在圣,如何免得两头路?"师云:"去却两头来,答你。"僧不审。师云:"不审从什么处起?在者里①,从老僧起;在市里时,从什么处起?"云:"和尚为什么不定?"师云:"我教你,何不道'今日好风'?"

【校注】
① "在者里"后,径山本有一"时"字。

189. 问:"如何是大阐提底人?"师云:"老僧答你,还信否?"云:"和尚重言,那敢不信!"师云:"觅个阐提人,难得。"

190. 问:"大无惭愧底人,什么处著得?"师云:"此间著不得。"云:"忽然出头,争向?"师云:"将取去。"

191. 问:"用处不现时,如何?"师云:"用即不无。现是谁?"

192. 问:"空劫中还有人修行也无?"师云:"唤什么作空劫?"云:"无一物是。"师云:"者个始称修行。唤什么作空劫?"

【校注】

永乐本无。

按,《景德传灯录》卷第十赵州本传:"僧问:'空劫中还有人修行也无?'师云:'汝唤什么作空劫?'僧云:'无一物是。'师云:'这个始称得修行。唤什么作空劫?'僧无语。"

《五灯会元》卷第四《赵州从谂禅师》所收,略同于《景德传灯录》。

193. 问:"如何是出家?"师云:"不履高名,不求垢壤。"

【校注】

永乐本无。

按,《景德传灯录》卷第十赵州本传:"僧问:'如何是出家?'师云:'不履高名,不求苟得。'"

《五灯会元》卷第四《赵州从谂禅师》,几同于《景德传灯录》。

194. 问："不指一法,如何是和尚法?"师云："老僧不说茅山法。"云："既不说茅山法,如何是和尚法?"师云："向你道不说茅山法。"云："莫者个便是也无?"师云："老僧未曾将者个示人。"

195. 问："如何是目前独脱一路?"师云："无二亦无三。"云："目前有路,还许学人进前也无?"师云："与么,即千里万里。"

196. 问："如何是毗卢向上事?"师云："老僧在你脚底。"云："和尚为什么在学人脚底?"师云："你元来不知有向上事。"

【校注】

按,《祖堂集》卷第十八《赵州和尚》："问:'如何是佛向上事?'师云:'我在你脚底。'僧云:'师为什么在学人脚底?'师云:'为你不知有佛向上事。'"

197. 问："如何是合头?"师云："是你不合头。"云："如何是不合头?"师云："前句辨①取。"

【校注】

① "辨",底本作"弁",永乐本作"辩",皆"辨"之形误或音误。今从径山本。

198. 问:"如何是①和尚的的意?"师云:"止!止!不须说。我法妙难思。"

【校注】

① "是",底本、永乐本无。据径山本补。

199. 问:"澄澄绝点时,如何?"师云:"堕坑落堑。"云:"有什么过?"师云:"你屈著与么人。"

200. 问:"未审出家誓求无上菩提时,如何?"师云:"未出家被菩提使。既出家,使得菩提。"

201. 有秀才见师手中拄杖,乃云:"佛不夺众生愿,是否?"师云:"是。"秀才云:"某甲就和尚乞取手中拄杖,得否?"师云:"君子不夺人所好。"秀才云:"某①甲不是君子。"师云:"老僧亦不是佛。"

【校注】

① "某",底本作"专",形误。据对校本改。

202. 师因出外，见婆子插田。云："忽遇猛虎，作么生？"婆云："无一法可当情。"师云："唹①。"婆子云："唹②。"师云："犹③有者个在。"

【校注】

① "唹"，永乐本作"除"。"唹"，《集韵》通都切，平模透；今音 tū。《玉篇·口部》："唹，吐也。"此当读如"余"，记录表示语气的声音。

② "唹"，永乐本作"除"。当读如"余"。

③ "犹"，底本作"难"。据对校本改。

203. 有秀才辞去，云："某①甲在此括挠和尚多时，无可报答和尚。待他日作一头驴来报答和尚。"师云："教老僧争得鞍？"

【校注】

① "某"，底本作"专"，形误。据对校本改。

204. 师到道吾处。才入僧堂，吾云："南泉一枝箭来。"师云："看箭！"吾云："过也。"师云："中也。"

【校注】

按，《景德传灯录》卷第十赵州本传："又到盐官。云：

'看箭!'盐官云:'过也。'师云:'中也。'"

《联灯会要》卷第六《赵州观音从谂禅师》:"师一日又到茱萸。才上法堂,萸云:'看箭!'师亦云:'看箭!'萸云:'过。'师云:'中。'雪窦云:'二俱作家,盖是茱萸、赵州;二俱不作家,箭锋不相拄。直饶齐发齐中,也只个射垛汉。'"

《五灯会元》卷第四《赵州从谂禅师》,近于底本。

赵州和尚语录卷中

205. 师上堂。示众①："金佛不度炉，木佛不度火，泥佛不度水，真佛内里坐。菩提涅槃、真如佛性，尽是贴体衣服，亦名烦恼。不问即无烦恼。实际理地，什么处著？一心不生，万法无咎。但究理而坐二三十年，若不会，截取老僧头去。梦幻空花，徒劳把捉②；心若不异，万法亦然③。既不从外得，更拘什么？如羊相似，更乱拾物安口中作么？老僧见药山和尚道：'有人问著，但交合取狗口。'老僧亦道：'合取狗口。'取我是垢，不取我是净。一似猎狗相似，专欲得物吃。佛法向什么处著？一千人万人，尽是觅佛汉子，觅一个道人无。若与空王为弟子，莫教心病最难医。未有世界，早有此性；世界坏时，此性不坏。从一见老僧后，更不是别人，只是个主人公。者个更向外觅作么？与么时，莫转头换面，即失却也④。"

【校注】

此则，永乐本、径山本皆在第 220 则（"问：'觌面事如何？'……"）之后，并以此则为另一卷（永乐本卷第十五，径山本卷第十四）的开头。

① "示众"，永乐本作"云"；径山本作"示众云"。
② "捉"，底本作"促"。据对校本改。
③ "亦然"，径山本作"亦如"。
④ "也"，永乐本无。

按，《景德传灯录》卷第二十八《诸方广语·赵州从谂和尚语》："赵州从谂和尚。上堂云：'金佛不度炉，木佛不度火，泥佛不度水，真佛内里坐。菩提涅槃，真如佛性，尽是贴体衣服；亦名烦恼，不问即无烦恼。且实际理地，什么处著得？一心不生，万法无咎。汝但究理坐看三二十年，若不会道，截取老僧头去。梦幻空华，何劳把捉？心若不异，万法一如。既不从外得，更拘执作什么？如羊相似，乱拾物安向口里。老僧见药山和尚道："有人问著，便教合却口。"老僧亦教合却口。（此处当脱一"不"字）取我是净。一似猎狗，专欲吃物，佛法在什么处？这里一千人，尽是觅作佛汉子，于中觅一个道人无。若此空王为弟子，莫教心病最难医。未有世间时，早有此性；世界坏时，此性不坏。从一见老僧后，更不是别人，只是一个主人公。这个更用向外觅物作什么！正恁么时，莫转头转脑；若转头转脑，即失却也。'"

《联灯会要》卷第六《赵州观音从谂禅师》，也有数处重要的异文："示众云：'金佛不度炉，木佛不度火，泥佛不度水，真佛内里坐。菩提涅槃，真如佛性，尽是贴体衣服，亦名烦恼。不问，即无烦恼。且实际理地甚么处著？一心不生，万法无咎。汝但究理而坐二三十年，若不会，截取老僧头去。梦幻空花，徒劳把捉；心若不异，万法一如。既不从外得，更拘执个甚么？如羊相似，乱拾物安口里。老僧见药山和尚道："有人问著，便教合取口。"老僧亦教合取口。取我是垢，不取我是净。一似猎狗相似，专欲吃物，佛性义在甚处？这里千人万人，尽是觅佛汉子，觅一个道人无。若与空王为弟子，莫教心病最难医。未有世界，早有此性；世界坏时，此性不坏。自从一见老僧后，更不是别人，只是个主人公。这个更用向外觅作么！正恁么时，莫转头转脑；若转头转脑，即失却去也。"

又，《景德传灯录》、《联灯会要》等，下连第445则。

《五灯会元》卷第四赵州本传亦有著录，唯言辞少异于底本。

206. 问："百骸俱溃散、一物镇长灵时，如何？"师云："今朝又风起。"

207. 问："三乘十二分教即不问，如何是祖师西来意？"师云："水牯牛生儿，也好看取。"云："未审此意如何？"师云："我亦不知。"

208. 问："万国来朝时，如何？"师云："逢人不得唤。"

209. 问："十二时中，如何淘汰？"师云："奈河水浊，西水流急。"云："还得见文殊也无？"师云："者蒙瞳汉，什么处去来？"

210. 问："如何是道场？"师云："你从道场来，你从道场去。脱体是道场，何处更不是？"

211. 问："萌芽未发时，如何？"师云："嗅著即脑裂。"云："不嗅时，如何？"师云："无者闲工夫。"

212. 问："如何数量？"师云："一，二，三，四，五。"云："数量不拘底事，如何？"师云："一，二，三，四，五。"

213. 问："什么世界，即无昼夜？"师云："即今是昼？是夜？"云："不问即今。"师云："争奈老僧何？"

214. 问："迦叶上行衣，不踏曹溪路。什么人得披？"师云："虚空不出世，道人都不知。"

【校注】

按，《祖堂集》卷第十八《赵州和尚》："问：'迦叶上行衣，什么人合得被（"披"之古体）？'师云：'七佛虚出世，道人都不知。'"

215. 问:"如何是混而不杂?"师云:"老僧菜食长斋。"云:"还得超然也无?"师云:"破斋也。"

216. 问:"如何是古人之言?"师云①:"谛听!谛听!"

【校注】
①"师云",永乐本为双行小字。

217. 问:"如何是学人本分事?"师云:"与么,嫌什么!"

218. 问:"万法归一,一归何所?"师云:"我在青州作一领布衫,重七斤。"

【校注】
此则,永乐本无。

按,《景德传灯录》卷第十赵州本传:"僧问:'万法归一,一归何所?'师云:'老僧在青州作得一领布衫,重七斤。'"

《联灯会要》卷第六《赵州观音从谂禅师》:"僧问:'万法归一,一归何处?'师云:'我在青州作一领布衫,重七斤。'"

《五灯会元》卷第四《赵州从谂禅师》,大略同于《景德传灯录》。

219. 问:"如何是出家儿?"师云:"不朝天子,父母返拜。"

220. 问:"觌面事如何?"师云:"你是觌面汉。"

221. 问:"如何是佛向上人?"师云:"只者牵耕牛底是。"

【校注】
此则处,对校本原为第205则;对校本并从此处始,另别为一卷(永乐本卷第十五,径山本卷第十四)。

222. 问:"如何是急?"师云:"老僧与么道,你怎么生?"云:"不会。"师云:"向你道:'急急着靴水上立,走马到长安,靴头犹未湿。'"

223. 问:"四山相逼时,如何?"师云:"无路是赵州。"

【校注】
按,《联灯会要》卷第六《赵州观音从谂禅师》亦载,辞全同。

224. 问:"古殿无王时,如何?"师咳嗽一声。云:"与么,即臣启陛下。"师云:"贼身已露。"

225. 问："和尚年多少？"师云："一串数珠数不尽。"

【校注】

按，《景德传灯录》卷第十赵州本传，"……右胁而寂，寿一百二十"下，注文曰："有人问师：'年多少？'师云：'一串念珠数不尽。'"

226. 问："和尚承嗣什么人？"师云："从谂。"

227. 问："外方忽有人问'赵州说什么法'，如何祗对？"师云："盐贵米贱。"

228. 问："如何是佛？"师云："你是佛么？"

229. 问："如何是出家？"师云："争得见老僧？"

230. 问："佛祖不断处，如何？"师云："无遗漏。"

231. 问："本源请师指示。"师云："本源无病。"云："了处如何？"师云："了人知。"云："与么时，如何？"师云："与我安名安着①。"

【校注】

①"着"，对校本作"著"。

232. 问:"纯一无杂时,如何?"师云:"大煞好一问。"

233. 问:"无为寂静底人,莫落在沉空也无?"师云:"落在沉①空。"云:"究竟如何?"师云:"作驴作马。"

【校注】
①"沉",永乐本作"沈"。"沈"为古字。

234. 问:"如何是祖师西来意?"师云:"床脚是。"云:"莫便是也无?"师云:"是即脱取去。"

【校注】
按,《景德传灯录》卷第十赵州本传:"僧问:'如何是祖师意?'师乃敲床脚。僧云:'只这莫便是否?'师云:'是即脱取去。'"

《联灯会要》卷第六《赵州观音从谂禅师》:"僧问:'如何是祖师西来意?'师敲床脚示之。僧云:'莫只这是么?'师云:'若是,便脱取去。'"

《五灯会元》卷第四《赵州从谂禅师》,大概同于《景德传灯录》。

235. 问:"澄澄绝点时,如何?"师云:"老僧者里不着①

客作汉。"

【校注】

①"着",对校本作"著"。通。

按,《祖堂集》卷第十八《赵州和尚》:"问:'澄澄绝点时如何?'师云:'我此间不著这个客作汉。'"

《景德传灯录》卷第十《赵州和尚》:"僧问:'澄澄绝点时,如何?'师云:'这里不著客作汉。'"

《联灯会要》卷第六《赵州观音从谂禅师》,几同《景德传灯录》,唯少一"僧"字。

《五灯会元》卷第四《赵州从谂禅师》,大致同于《景德传灯录》。

236. 问:"凤飞不到时,如何?"师云:"起自何来?"

237. 问:"实际理地不受一尘时,如何?"师云:"一切总在里许。"

238. 问:"如何是一句?"师应喏。僧再问,师云:"我不患聋。"

239. 问:"初生孩子,还具六识也无?"师云:"急流水上打球子。"

【校注】

按,《联灯会要》卷第六《赵州观音从谂禅师》亦有著录,唯言辞小异,如:"急流水上"作"急水上"。

《五灯会元》卷第四《赵州从谂禅师》,多出数句:"问:'初生孩子,还具六识也无?'师曰:'急水上打球子。'僧却问投子:'急水上打球子,意旨如何?'子曰:'念念不停留。'"

240. 问:"头头到来时,如何?"师云:"犹较老僧百步。"

【校注】

按,《祖堂集》卷第十八《赵州和尚》:"问:'头头到这里时如何?'师云:'犹较老僧一百步。'"

241. 问:"如何是和尚家风?"师云:"老僧自小出家,抖擞破活计。"

242. 问:"请和尚①离四句道。"师云:"老僧常在里许。"

【校注】

① "和尚",底本无。据对校本补。

243. 问:"扁鹊医王,为什么有病?"师云:"扁鹊医王不离床枕。"又云:"一滴甘露,普润大千。"

244. 问:"如何是露地白牛?"师云:"者畜生。"

245. 问:"如何是大人相?"师云①:"侧目②视之。"僧云③:"犹是隔阶趋附在。"师云:"老僧无工夫趋得者闲汉。"

【校注】
① "云",对校本无。
② "目",底本作"耳"。据对校本改。
③ "僧云","僧"字底本无,据对校本补。又,此二字,永乐本为双行小字。

246. 问①:"才有心念,落在人天。直无心念、落在眷属时,如何?"师云:"非但老僧,作家亦答你不得。"

【校注】
① "问"前,径山本有一"僧"字。

247. 问:"凡有施为,尽落糟粕。请师不施为答。"师叱尼云:"将水来添,鼎子沸。"

248. 问:"如何是般若波罗蜜?"师云:"摩诃般若波

罗蜜。"

249. 问："如何是咬人师子？"师云："皈依①佛，皈依法，皈依僧。莫咬老僧。"

【校注】
①此处之三"皈依"，永乐本皆误作"皈依"。

250. 问："离却言句，请师道。"师咳嗽。

251. 问："如何得不谤古人，不负恩去？"师云："阇梨①作么生？"

【校注】
①"梨"，径山本作"黎"。

252. 问："如何是一句？"师云："道什么？"

253. 问："如何是一句？"师云："两句。"

254. 问："唯佛一人是善知识，如何？"师云："魔语。"

255. 问："如何是菩提？"师云："者个是阐提。"

256. 问:"如何是大人相?"师云:"好个儿孙。"

257. 问:"如①寂寂无依时,如何?"师云:"老僧在你背后。"

【校注】

① "如",永乐本无。

258. 问:"如何是伽蓝?"师云:"别更有什么?"云:"如何是伽蓝中人?"师云:"老僧与阇梨①。"

【校注】

① "梨",径山本作"黎"。

259. 问:"二龙争珠,谁是得者?"师云:"老僧只管看。"

【校注】

按,《联灯会要》卷第六《赵州观音从谂禅师》:"僧问:'二龙争珠,谁是得者?'师云:'老僧只管看。'雪窦云:'看即不无,争即不得。且道扶这僧?扶赵州?'"

《五灯会元》卷第四赵州本传亦收录,几同于底本。

260. 问:"如何是离因果底人?"师云:"不因阇梨①问,

老僧实不知。"

【校注】
①"梨",径山本作"黎"。

261. 问:"众盲摸象,各说异端。如何是真象?"师云:"无假自是。不知?"

262. 问:"如何是第一句?"师咳嗽。云:"莫便是否?"师云:"老僧咳嗽也不得?"

263. 问:"大海还纳众流也无?"师云:"大海道不知。"云:"因什么不知?"师云:"终不道'我纳众流'?"

264. 问:"如何是毗卢师?"师云:"毗卢。毗卢。"

265. 问:"诸佛还有师也无?"师云:"有。"云:"如何是诸佛师?"师云:"阿弥陀佛!阿弥陀佛!"

【校注】
按,《祖堂集》卷第十八《赵州和尚》:"有人问:'诸佛还有师也无?'师云:'有。'僧进曰:'如何是诸佛师?'师云:'阿弥陀佛!'又师云:'佛是弟子。'有僧问长庆:'赵州与么道阿弥陀佛，是导底语？是嗟底语？'长庆云：'若向两头会，尽不见赵州意。'僧进曰：'赵州意作么生？'长庆便弹指一声。"

266. 问："如何是学人师？"师云："云有出山势，水无投涧声。"云："不问者个。"师云："是你师。不认？"

【校注】

按，《祖堂集》卷第十八《赵州和尚》："问：'如何是学人师？'师云：'云有出山势，水无投涧声。'僧云：'不问这个。'师云：'是你师，不问？'"

267. 问："诸方尽向口里道，和尚如何示人？"师脚跟打火炉示之。云："莫便是也无？"师云："恰认得老僧脚跟。"

268. 问："不行大道时，如何？"师云："者贩私盐汉。"云："却行大道时，如何？"师云："还我公验来！"

269. 问："如何是本来身？"师云①："自从识得老僧后，只者②汉，更不别。"云："与么，即与和尚隔生去也？"师云："非但今生，千生万生亦不识老僧。"

【校注】

①"师云"二字，永乐本为双行小字。

② "者",对校本皆作"这"。

按,《祖堂集》卷第十八《赵州和尚》:"问:'如何是本来人?'师云:'自从识得老僧后,只这个汉,更无别僧。'云:'与么则共和尚隔生也?'师云:'非但隔生,千生与万生也不识老僧。'"

270. 问:"如何是祖师西来意?"师云:"东壁上挂葫芦,多少时也?"

271. 问:"方圆不就时,如何?"师云:"不方不圆。"云:"与么时,如何?"师云:"是方是圆。"

【校注】

按,《祖堂集》卷第十八《赵州和尚》:"问:'方圆不就时,如何?'师云:'不方不圆。'云:'与么时,作么生?'师云:'是方是圆。'"

272. 问:"道人相见时,如何?"师云:"呈漆器。"

【校注】

按,《联灯会要》卷第六《赵州观音从谂禅师》所录,辞同。

《五灯会元》卷第四赵州本传亦收,辞几一致。

273. 问:"谛为什么观不得?"师云:"谛即不无,观即不得。"云:"毕竟如何?"师云:"失谛。"

274. 问:"行又不到、问又不到时,如何?"师云:"到以不到,道人看如涕唾。"云:"其中事如何?"师唾地。

275. 问:"如何是祖师西来意?"师云:"如你不唤作祖师,意犹未在。"云:"本来底如何?"师云:"四目相睹,更无第二主宰。"

276. 问:"不具形仪,还会也无?"师云:"即今还会么?"

277. 问:"如何是大无惭愧底人?"师云:"皆具不可思议。"

278. 问:"学人拟向南方学些子佛法去,如何?"师云:"你去南方,见有佛处急走过,无佛处不得住。"云:"与么,即学人无依也?"师云:"柳絮!柳絮!"

【校注】

按,《景德传灯录》卷第二十七《诸方杂举徵拈代别语》:"僧辞赵州和尚。赵州谓曰:'有佛处不得住,无佛处急走过。三千里外逢人,莫举。'法眼代云:'恁么,即不去也。'"

《联灯会要》卷第六《赵州观音从谂禅师》:"有僧辞,师问:'甚么处去?'云:'诸方学佛法去。'师云:'有佛处不得住,无佛处急走过。三千里外逢人,不得错举。'僧云:'恁么,则不去也?'师云:'摘杨花,摘杨花。'"

《五灯会元》卷第四《赵州从谂禅师》,言语近于《联灯会要》。"师云",作"师竖起拂子曰"。

279. 问:"如何是急切处?"师云:"一问一答。"

280. 问:"不藉①三寸,还假今时也无?"师云:"我随你道,你作么生会?"

【校注】

① "藉",对校本作"籍"。通。

281. 问:"如何是和尚家风?"师云:"茫茫宇宙人无数。"云:"请和尚不答话。"师云①:"老僧合与么。"

【校注】

① "师云",永乐本为双行小字。

282. 问:"二龙争珠,谁是得者?"师云:"失者无亏,得者无用。"

283. 问:"如何是大人相?"师云:"是什么?"

284. 有俗士献袈裟,问:"披与么衣服,莫辜负古人也无?"师抛下拂子,云:"是古?是今?"

285. 问:"如何是沙门行?"师云:"展手不展脚。"

286. 问:"牛头未见四祖时,如何?"师云:"饱柴饱水。"云:"见后如何?"师云:"饱柴饱水。"

287. 问:"如何是学人自己?"师云:"吃粥了也未?"云:"吃粥也。"师云:"洗钵盂去!"

【校注】

按,《景德传灯录》卷第十赵州本传:"僧问:'如何是学人自己?'师云:'吃粥了也未?'僧云:'吃粥也。'师云:'洗钵去。'其僧忽然省悟。"

《联灯会要》卷第六《赵州观音从谂禅师》:"僧问:'学人乍入丛林,乞师指示。'师云:'吃粥了也未?'云:'吃粥了。'师云:'洗钵盂去。'其僧言下大悟。云门云:'且道有指示?无指示?若言有,赵州向伊道甚么?若言无,这僧因甚悟去?'雪窦云:'我不似云门为蛇画足。直言向你道:问者如虫御木,答者偶尔成文。然虽与么,瞎却衲僧眼。作么生免得此过?诸仁者!要会么?还你赵州吃粥了也未?拈却这僧吃粥了,雪窦与你挂杖子。归堂。'云峰悦云：'云门怎么道，大似为蛇画足，黄门栽须。云峰则不然。这僧于此悟去，入地狱如箭射。'妙喜云：'云门、云峰更数百生为善知识，也未梦见洗钵盂话在。'又云：'诸方瞎长老，往往尽作洗钵话会。'"

《五灯会元》卷第四《赵州从谂禅师》，乃综合《景德传灯录》与《联灯会要》而成。

288. 问："如何是毗卢师？"师云："白①驼来也未？"云："来也。"师云："牵去喂草。"

【校注】
① "白"，底本原处空一格，无字。

289. 问："如何是无师智？"师云："老僧不曾教阇梨①。"

【校注】
① "梨"，径山本作"黎"。

290. 问："如何是亲切一句？"师云："话堕也。"

291. 问："不借口，还许商量也无？"师云："正是时。"云："便请师商量。"师云："老僧不曾出。"

292. 问："二祖断臂，当为何事？"师云："粉骨碎身。"云："供养什么人？"师云："来者供养。"

293. 问:"无边身菩萨,为什么不见如来顶相?"师云:"你是阇梨①。"

【校注】
①"梨",径山本作"黎"。

294. 问:"昼是日光,夜是火光。如何是神光?"师云:"日光火光。"

295. 问:"如何是恰问处?"师云:"错。"云:"如何是不①问处?"师云:"向前一句里辨②取。"

【校注】
①"是不",永乐本为双行小字。
②"辨",底本作"弁",音误。永乐本作"辩",通"辨"。

296. 问:"如何是大人相?"师以手摸面,叉①手敛容。

【校注】
①"叉",对校本皆作"义"。"义","叉"之俗体。

297. 问:"如何是无为?"师云:"者个是有为。"

298. 问："如何是祖师西来意？"师云："栏中失却牛。"

【校注】

按，《建中靖国续灯录》卷第二十八《颂古门·虔州慈云圆照禅师二则》，所举话头有云："僧问赵州：'如何是祖师西来意？'州云：'栏中失却牛。'"

299. 问："学人远来，请和尚指示。"师云："才入门便好。"蓦面唾。

300. 问："如何是直截一路？"师云："淮南船①子到也未？"云："学人不会。"师云："且喜到来。"

【校注】

① "船"，永乐本作"舡"。同。

301. 问："柏树子还有佛性也无？"师云："有。"云："几时成佛？"师云："待虚空落地。"云："虚空几时落地？"师云："待柏树子成佛。"

【校注】

按，《祖堂集》卷第十八《赵州和尚》："问：'柏树子还有佛性也无？'师云：'有。'僧云：'几时成佛？'师云：'待虚空落地。'僧云：'虚空几时落地？'师云：'待柏树子成佛。'"

《五灯会元》卷第四赵州本传亦著录，语句稍同。

302. 问："如何是西来意？"师云[①]："因什么向院里骂老僧？"云："学人有何过？"师云："老僧不能就院里骂得阇梨[②]？"

【校注】

① "师云"，永乐本为双行小字。
② "梨"，径山本作"黎"。

303. 问："如何是西来意？"师[①]云："板齿生毛。"

【校注】

① "师"，永乐本无。

304. 问："贫子来，将什么过与？"师云："不贫。"云："争奈觅和尚何？"师云："只是守贫。"

305. 问："无边身菩萨，为什么不见如来顶相？"师云："如隔罗縠。"

306. 问："诸天甘露，什么人得吃？"师云："谢你将来。"

307. 问："超过乾坤底人，如何？"师云："待有与么人，即报来。"

308. 问："如何是伽蓝？"师云："三门佛殿。"

309. 问："如何是不生不灭？"师云："本自不生，今亦无灭。"

310. 问："如何是赵州主？"师云："大王是。"

311. 问："急切处，请师道。"师云①："尿是小事，须是老僧自去始得。"

【校注】

① "师云"，永乐本为双行小字。

312. 问："如何是丈六金身？"师云："腋下打领。"云："学人不会。"师云："不会请人裁。"

313. 问："学人有疑时，如何？"师云："大宜？小宜？"

学云①:"大疑②。"师云:"大宜东北角,小宜僧堂后。"

【校注】

①"云",永乐本作"人"。

②"大疑",底本作"不疑"。据对校本改。

按,《五灯会元》卷第四赵州本传亦收录,略同于底本。

314. 问:"如何是佛向上人?"师下禅床,上下观瞻,相云:"者汉如许长大,截作三橛也得,问什么向上向下!"

315. 尼问:"如何是密密意?"师以手掐①之。云:"和尚犹有者个在。"师云:"是你有者个。"

【校注】

①"掐",底本作"恰"。音误。

按,《五灯会元》卷第四赵州本传:"尼问:'如何是密密意?'师以手掐之。尼曰:'和尚犹有这个在。'师曰:'却是你有这个在。'"

316. 师示众云:"老僧三十年前在南方火炉头,有个无宾主话,直至如今无人举着①。"

【校注】

①"着",对校本作"著"。通。

按，《祖堂集》卷第十八《赵州和尚》："师示众云：'我三十年前在南方火炉头，举无宾主话，直至如今无人道著。'有人举问雪峰：'赵州无宾主话，作么生道？'雪峰便踏倒。"

《联灯会要》卷第六《赵州观音从谂禅师》："师垂语云：'我向行脚到南方，时火炉头有个无宾主话，直至如今无人举著。'"

《五灯会元》卷第四赵州本传，则曰："师谓众曰：'我向行脚到南方火炉头，有个无宾主话，直至如今无人举着。'"

317. 问："和尚受大王如是供养，将什么报答？"师云："念佛。"云："贫子也解念佛。"师云："唤侍者将一钱与伊。"

【校注】

按，《祖堂集》卷第十八《赵州和尚》："问：'如何得报国王恩？'师云：'念佛。'僧云：'街头贫儿也念佛。'师拈一个钱与。"

《祖堂集》卷第十九《灵树和尚》，称提此问之僧乃灵树："灵树和尚，嗣西院安禅师。在韶州。……镇州大王请赵州共师斋次，师问赵州：'大王请和尚斋，和尚将何报答？'赵州云：'念佛。'师云：'门前乞儿也解与么道。'州云：'大王！将钱来与灵树！'"

318. 问："如何是和尚家风？"师云："屏风虽破，骨格犹存。"

319. 问:"如何是不迁之义?"师云:"你道者野鸭子飞,从东去?西去?"

320. 问:"如何是西来意?"师云:"什么处得者消息来?"

321. 问:"如何是尘中人?"师云:"布施茶盐钱来①。"

【校注】
① "来",永乐本作"米"。形误。
按,《祖堂集》卷第十八《赵州和尚》之文,可参考:"问:'如何是密室中人?'师展手,云:'茶盐钱布施。'"

322. 问:"大耳三藏第三度觅国师不见,未审国师在什么处?"师云:"在三藏鼻孔里。"

【校注】
按,《景德传灯录》卷第五《西京光宅寺慧忠国师》,有注文曰:"僧问赵州曰:'长耳三藏第三度不见国师,未审国师在什么处?'赵州云:'在三藏鼻孔里。'"
《联灯会要》卷第三《西京光宅寺惠忠国师》,亦有双行小注:"僧问赵州:'大耳三藏第三度不见国师,未审国师在甚么处?'州云:'在三藏鼻孔里。'"

323. 问:"盲龟值浮木孔时,如何?"师云①:"不是偶然事。"

【校注】
① "师云"二字,永乐本为双行小字。

324. 问:"久居岩谷时,如何?"师云:"何不隐去?"

325. 问:"如何是佛法大意?"师云:"礼拜着①。"僧拟进话次,师唤沙弥文远。文远到,师叱云:"适来去什么处来?"

【校注】
① "着",对校本作"著"。通。

326. 问:"如何是自家本意?"师云:"老僧不用牛刀。"

327. 问:"久向①赵州石桥,到来只见掠彴子。"师云:"阇梨②只见掠彴子,不见赵州石桥。"云:"如何是赵州③石桥?"师云:"过来!过来!"

【校注】

此则,永乐本无。

① "向",底本作"响"。误。据径山本改。

② "梨",径山本作"黎"。

③ "赵州",径山本无。

按,《联灯会要》卷第六《赵州观音从谂禅师》:"僧问:'久响(当作"向")赵州石桥,到来只见略彴。'师云:'汝只见略彴,且不见石桥。'云:'如何是石桥?'师云:'度驴度马。'雪窦颂:'孤危不立道方高,入海还须钓巨鳌。堪笑同时灌溪老,解言劈箭亦徒劳。'"

《五家正宗赞》卷第一《赵州真际禅师》,大致同于《联灯会要》。然无雪窦颂。

328. 又僧问:"久向①赵州石桥,到来只见掠彴子。"师云:"你只见掠彴子,不见赵州石桥。"云:"如何是石桥?"师②云:"度驴度马。"

【校注】

① "向",底本作"响"。误。据文义改。

② "又"字后,"僧问……如何是石桥师"等数字,径山本无。

按,《景德传灯录》卷第十赵州本传,如径山本一样,将第327和328两则视为一次问答的内容:"僧问:'久响赵州石桥,到来只见掠彴。'师云:'汝只见掠彴,不见赵州桥。'僧云:'如何是赵州桥?'师云:'过来!过来!'又有僧同前问,师亦如前答。僧云:'如何是赵州桥?'师云:'度驴度马。'僧云:'如何是掠彴?'师云:'个个度人。'云居锡云:'赵州为当扶石桥?扶掠彴?'"

《五灯会元》卷第四《赵州从谂禅师》亦将两则连在一起,然文字有异:"问:'久向赵州石桥,到来只见略彴。'师曰:'汝只见略彴,且不见石桥。'曰:'如何是石桥?'师曰:'度驴度马。'曰:'如何是略彴?'师曰:'个个度人。'后有如前问,师如前答。又僧问:'如何是石桥?'师曰:'过来!过来!'云居锡云:'赵州为当扶石桥?扶略彴?'"

329. 问:"和尚姓什么?"师云:"常州有。"云:"甲子多少?"师云:"苏州有。"

【校注】

按,《五灯会元》卷第四赵州本传,则少末一"有"字,颇能误导如此标点:"问:'和尚姓甚么?'师曰:'常州。'有曰:'甲子多少?'师曰:'苏州。'"

330. 师①上堂。云:"才有是非,纷然失心。还有答话分也无?"有僧出,抚侍者一下,云:"何不祗对和尚?"师便归方丈。后侍者请益:"适来僧是会? 不会?"师云:"坐底见立底,立底见坐底。"

【校注】

①"师",对校本皆无。

331. 问:"如何是道?"师云:"墙外底。"云:"不问者个。"师云:"问什么道?"云:"大道。"师云:"大道通长安。"

【校注】

按,《五灯会元》卷第四赵州本传,有异文:"问:'如何是道?'师曰:'墙外底。'曰:'不问这个。'师曰:'你问那个?'曰:'大道。'师曰:'大道通长安。'"

332. 问:"拨尘见佛时,如何?"师云:"拨尘即不无,见佛即不得。"

333. 问:"如何是无疾之身?"师云:"四大五阴。"

334. 问:"如何是阐提?"师云:"何不问菩提?"云:"如何是菩提?"师云:"只者便是阐提。"

335. 师有时屈指，云："老僧唤作拳，你诸人唤作什么？"僧云："和尚何得将境示人！"师云："我不将境示人。若将境示阇梨①，即埋没阇梨②去也。"云："争奈者个何？"师便珍重。

【校注】
① "梨"，径山本作"黎"。
② "梨"，径山本作"黎"。

336. 问："一问一答，掜①落天魔外道。设使无言，又犯他匡网。如何是赵州家风？"师云："你不解问。"云："请和尚答话。"师云："若据你，合吃二十棒。"

【校注】
① "掜"，对校本作"总"。"掜"乃"总"的本字。

337. 师示众云："才有是非，纷然失心。还有答话分也无？"有僧出，将沙弥打一掌，便出去。师便归方丈。至来日，问侍者："昨日者师僧在什么处？"侍者云："当时便去也。"师云："三十年弄马骑，被驴子扑。"

338. 问："与么来底人，师还接也无？"师云："接。"云："不与么来底人，师还接也无？"师云："接。"云："与么来从，师接。不与么来，师如何接？"师云："止！止！不须说。我法妙难思。"

【校注】

永乐本无。

按，《祖堂集》卷第十八《赵州和尚》："问：'与么来底人，师还接也无？'师云：'接。''不与么来底人，师还接也无？'师云：'接。'僧云：'与么来底人，从师接。不与么来底人，师如何接？'师云：'止！止！不须说。我法妙难思。'"

《景德传灯录》卷第十赵州本传，则载云："僧问：'恁么来底人，师还接否？'师云：'接。'僧云：'不恁么来底，师还接否？'师云：'接。'僧云：'恁么来者，从师接。不恁么来者，如何接？'师云：'止！止！不须说。我法妙难思。'"

《五灯会元》卷第四《赵州从谂禅师》，文几同于《景德传灯录》。

339. 镇府大王问："师尊年有几个齿在？"师云："只有一个牙。"大王云："争吃得物？"师云："虽然一个，下下咬着①。"

【校注】

①"着"，对校本作"著"。通。

按，宋僧宗杲（1089~1163）《大慧普觉禅师语录》卷第三，上堂所举有云："镇府大王问赵州：'和尚年尊，有几个牙齿在？'州云：'只有一个。'王云：'争吃得物？'州云：'虽然一个，下下咬著。'"

《五灯会元》卷第四赵州本传，亦收录，文略异。如"镇府大王问"，则为"师因赵王问"。

340. 问："如何是学人珠？"师云："高声问。"僧礼拜，师云："不解问。何不道：'高下即不问，如何是学人珠？'何不与么问？"僧便再问，师云："泪合放过者汉。"

341. 问："二边寂寂，师如何阐扬？"师云："今年无风波。"

342. 问："大众云集，合谈何事？"师云："今日拽木头竖僧堂。"云："莫只者个便是接学人也无？"师云："老僧不解双陆，不解长行。"

343. 问："如何是真实人体？"师云："春夏秋冬。"云："与么，即学人难会。"师云："你问我真实人体。"

344. 问："如何是佛法大意？"师云："你名什么？"云："某甲。"师云："含元殿里，金谷园中。"

345. 问:"如何是七佛师?"师云:"要眠即眠,要起即起。"

346. 问:"道非物外,物外非道。如何是物外道?"师便打。云:"和尚莫打某甲。已后,错打人去在。"师云:"龙蛇易辨①,衲子难瞒。"

【校注】

① "辨",底本作"弁"。据对校本改。

按,《祖堂集》卷第十八《赵州和尚》,认为此则内容乃赵州问、南泉答:"师问南泉:'古人道:"道非物外,物外非道。"如何是物外非道?'泉便棒。师云:'莫错打。'南泉云:'龙蛇易辨,纳("衲"之音误)子难谩。'"

《景德传灯录》卷第八《池州南泉普愿禅师》亦曰:"赵州问:'道非物外,物外非道。如何是物外道?'师便打。赵州捉住棒,云:'已后莫错打人去。'师云:'龙蛇易辨,纳("衲"之误)子难谩。'"

《联灯会要》卷第四《池州南泉普愿禅师》,则将问的内容析为两部分,分别归于南泉和赵州所说:"示众云:'道非物外,物外非道。'赵州出问:'如何是物外道?'师便打。州捉住,云:'和尚莫打某甲,已后错打人去在。'师掷下棒,云:'龙蛇易辨,衲子难瞒。'"

347. 师见大王入院，不起，以手自拍膝，云："会么？"大王云："不会。"师云："自小出家今已老，见人无力下禅床。"

【校注】

按，《景德传灯录》卷第十赵州本传："一日，真定帅王公携诸子入院。师坐而问曰：'大王会么？'王云：'不会。'师云：'自小持斋身已老，见人无力下禅床。'王公犹加礼重。"

《联灯会要》卷第六《赵州观音从谂禅师》："真定帅王公来。师坐而问云：'会么？'王云：'不会。'师云：'自小持斋今已老，见人无力下禅床。'"下接与第435则类似的文字。

《五家正宗赞》卷第一《赵州真际禅师》，几同于《景德传灯录》。

《释氏通鉴》卷第十一《癸丑景福二［年］》，次此事于赵王第一次见和尚时。文云："又赵王携诸子谒赵州。入院，师坐而问曰：'大王会么？'王云：'不会。'师曰：'自小持斋今已老，见人无力下禅床。'赵王加礼而去。"

348. 问："如何是忠言？"师云："你娘丑陋。"

349. 问："从上自今不忘底人，如何？"师云："不可得系心，常思念十方一切佛。"

350. 问:"如何是忠言?"师云:"吃铁棒。"

351. 问:"如何是佛向上事?"师便抚掌大笑。

352. 问:"一镫①然百千灯,一灯未审从什么处发?"师便趯出一只履。又云:"作家即不与么问。"

【校注】

①"镫",对校本作"灯"。《正字通·金部》:"镫……俗作灯。"

按,《祖堂集》卷第十八《赵州和尚》:"问:'一灯燃百千灯,未审一灯是什么灯?'师跳出只履。又云:'若是作家,不与么问。'"

353. 问:"归根得旨、随照失宗时,如何?"师云:"老僧不答者话。"云:"请和尚答话。"师云:"合与么。"

354. 问:"如何是不思处?"师云:"快道!快道!"

355. 问:"夜升兜率,昼降阎浮。其中为什么摩尼不现?"师云:"道什么?"僧再问,师云:"毗婆尸佛早留心,直至如今不得妙。"

【校注】

永乐本无。

按,《祖堂集》卷第十八《赵州和尚》:"问:'夜升兜率,昼降阎浮。其中摩尼为什么不现?'师云:'道什么?'僧再问,师云:'不见道"毗婆尸佛早留心,直至如今不得妙"?'"

《景德传灯录》卷第十赵州本传:"僧问:'夜升兜率,昼降阎浮。于其中间摩尼为什么不现?'师云:'道什么?'其僧再问,师云:'毗婆尸佛早留心,直至如今不得妙。'"

《联灯会要》卷第六《赵州观音从谂禅师》:"僧问:'昼生兜率,夜降阎浮。于中摩尼为甚么不现?'师云:'道甚么?'僧再问,师云:'毗婆尸佛早留心,直至如今不得妙。'"

《五灯会元》卷第四《赵州从谂禅师》,约同于《景德传灯录》。

356. 问:"非思量处,如何?"师云:"速道!速道!"

357. 问:"如何是衣中宝?"师云:"者一问,嫌什么?"云:"者个是问,如何是宝?"师云:"与么,即衣也失却。"

358. 问:"万里无店时,如何?"师云:"禅院里宿。"

359. 问:"狗子还有佛性也无?"师云:"家家门前通

长安。"

360. 问:"觌面相呈,还尽大意也无?"师云:"低口。"云:"收不得处,如何?"师云:"向你道低口。"

361. 问:"如何是目前一句?"师云:"老僧不如你。"

362. 问:"出来底是什么人?"师云:"佛菩萨。"

363. 问:"灵草未生时,如何?"师云①:"嗅着②即脑裂。"云:"不嗅时,如何?"师云:"如同立死汉。"云:"还许学人和合否?"师云:"人来莫向伊道。"

【校注】
① "云",底本无。据对校本补。
② "着",对校本作"著"。通。

364. 问:"祖意与教意,同?别?"师云:"才出家,未受戒,到①处问人。"

【校注】
① "到",底本作"则"。据对校本改。

365. 问:"如何是圣?"师云:"不凡。"云:"如何是凡?"师云:"不圣。"云:"不凡不圣时,如何?"师云:"好个禅僧!"

366. 问:"两镜相向,那个最明?"师云:"阇梨①眼皮盖须弥山。"

【校注】
① "梨",径山本作"黎"。

367. 问:"学人近入丛林,乞师指示。"师云:"苍天!苍天!"

368. 问:"前句已往、后句难明时,如何?"师云:"唤作即不可。"云:"请师分。"师云:"问!问!"

369. 问:"高峻难上时,如何?"师云:"老僧不向高峰顶。"

370. 问:"不与万法为侣者,是什么人?"师云:"非人。"

371. 问:"请师宗乘中道一句子。"师云:"今日无钱与长官。"

372. 问:"学人不别问,请师不别答。"师云:"奇怪。"

373. 问:"三乘教外,如何接人?"师云:"有此世界来,日月不曾换。"

374. 问:"三处不通,如何离识?"师云:"识是分外。"

375. 问:"众机来凑,未审其中事如何?"师云:"我眼本正,不说其中事。"

376. 问:"净地不止,是什么人?"师云:"你未是其中人在。"云:"如何是其中人?"师云:"止也。"

377. 问:"如何是万法之源?"师云:"栋梁橡柱。"云:"学人不会。"师云:"拱斗叉①手,不会?"

【校注】
①"叉",底本与对校本皆作"乂"。"乂"乃"叉"之俗体。

378. 问:"一物不将来时,如何?"师云:"放下着①。"

【校注】

① "着",对校本作"著"。通。

379. 问:"路逢达道人,不将语默对。未审将什么对?"师云:"人从陈州来,不得许州信。"

380. 问:"开口是有为。如何是无为?"师以手示之,云:"者个是无为。"云:"者个是有为。如何是无为?"师云:"无为。"云:"者个是有为。"师云:"是有为。"

381. 师示众云:"佛之一字,吾不喜闻。"

【校注】

请参看第 122 则。

382. 问:"和尚还为人也无?"师云:"佛!佛!"

383. 问:"尽却今时,如何是的的处?"师云:"尽却今时,莫问那个。"云:"如何是的"?师云:"向你道莫问!"云:"如何得见?"师云:"大无外,小无内。"

384. 问:"离四句、绝百非时,如何?"师云:"老僧不认得死。"云:"者个是和尚分上事。"师云①:"恰是。"云:"请和尚指示。"师云:"离四句、绝百非,把什么指示?"

【校注】
① "师云"二字,永乐本为双行小字。

385. 问:"如何是和尚家风?"师云:"内无一物,外无所求。"

386. 问:"如何是归根得旨?"师云:"答你即乖。"

387. 问:"如何是疑心?"师云:"答你即乖也。"

388. 问:"出家底人,还作俗否?"师云:"出家即是。座主出与不出,老僧不管。"云:"为什么不管?"师云:"与么,即出家也。"

389. 问:"无师、弟子时,如何?"师云:"无漏智性,本自具足。"又云:"此是无师、弟子。"

390. 问:"不见边表时,如何?"师云:"因什么与么?"

391. 问:"澄而不清、浑而不浊时,如何?"师云:"不清不浊。"云:"是什么?"师云:"也可怜生。"云:"如何是通方?"师云:"离却金刚禅。"

392. 问:"如何是囊中宝?"师云:"嫌什么?"云:"用不穷时,如何?"师云:"自家底,还重否?"又云:"用者即重,不用即轻。"

【校注】
此则,永乐本无。

393. 问:"如何是祖师的的意?"师嚏①唾。云:"其中事如何?"师又唾地。

【校注】
① "嚏",底本、永乐本作"啼";径山本作"涕"。同音替代字。

394. 问:"如何是沙门行?"师云:"离行。"

395. 问:"真休之处,请师指。"师云:"指即不休。"

396. 问:"无问时,如何?"师云:"乖常语。"

397. 问："四山相逼时，如何？"师云："无出迹。"

398. 问："到者里道不得时，如何？"师云："不得道。"云："如何道？"师云："道不得处。"

399. 问："但有言句，尽不出顶。如何是顶外事？"师唤沙弥文远，文远应喏。师云："今日早晚也？"

400. 问："如何是毗卢师？"师云："莫恶口！"

401. 问："'至道无难，唯嫌拣择'。如何得不拣择？"师云："天上天下，唯我独尊。"云："此犹是拣择。"师云："田库奴！什么处是拣择？"

【校注】

按，《祖堂集》卷第十一《永福和尚》称，问之僧乃永福："永福和尚，嗣雪峰。在福州。……有人问赵州：'古人道："至道无难，唯嫌拣（原作'栋'，下同）择。"如何是不择拣底法？'赵州云：'天上天下，唯我独尊。'僧云：'此犹是拣择底法。'州云：'田舍奴！"天上天下，唯我独尊"。什么处是拣择！'"

《联灯会要》卷第六《赵州观音从谂禅师》："僧问：'"至道无难，唯嫌拣择"。如何是不拣择？'师云：'天上天下，唯我独尊。'云：'此犹是拣择。'师云：'田库奴！甚么处是拣择？'"

《五灯会元》卷第四赵州本传，文又稍异："又问：'"至道无难，唯嫌拣择"。如何是不拣择？'师曰：'天上天下，唯我独尊。'曰：'此犹是拣择。'师曰：'田库奴！甚处是拣择！'僧无语。"

402. 问："如何是三界外人？"师云："争奈老僧在三界内。"

403. 问："知有、不有底人，如何？"师云："你若更问，即故问老僧。"

404. 师示众云："向南方趁丛林去！莫在者里。"僧便问："和尚者里是甚处？"师云："我者里是柴林。"

405. 问："如何是毗卢师？"师云："性是弟子。"

406. 问："归根得旨时，如何？"师云："太慌忙生。"云："不审。"师云："不审从甚处起？"

407. 刘相公入院，见师扫地，问："大善知识，为什么却扫尘？"师云："从外来。"

【校注】

永乐本无。

按,《景德传灯录》卷第十赵州本传:"师扫地,有人问云:'和尚是善知识,为什么有尘?'师曰:'外来。'又僧问:'清净伽蓝,为什么有尘?'师曰:'又一点也。'"

《联灯会要》卷第六《赵州观音从谂禅师》:"师扫地次,僧问:'大善知识,为甚么却有尘?'师云:'外来底。'云:'既是清净伽蓝,为甚么有尘?'师云:'又一点也。'"

《五灯会元》卷第四《赵州从谂禅师》,亦如《联灯会要》一样,称扫地者为僧。但"却有尘"作"扫地"。

408. 问:"利剑出匣时,如何?"师云:"黑。"云:"正问之时,如何辨①白?"师云:"无者闲工夫。"云:"叉②手向人前,争奈何?"师云:"早晚见你叉手?"云:"不叉手时,如何?"师云:"谁是不叉手者?"

【校注】

① "辨",底本作"弁",音误。据对校本改。
② 此则之数"叉",底本及对校本皆作俗体"义"。

409. 问:"如何是沙门得力处?"师云:"你什么处不得力?"

410. 问:"如何是和尚示学人处?"师云:"目前无学人。"云:"与么,即不出世也?"师便珍重。

411. 问:"祖意与教意,同?别?"师作拳安头上。云:"和尚犹有者个在。"师卸下帽子,云:"你道老僧有个什么?"

412. 问:"心又①不停、不住时,如何?"师云:"是活物,是者个正被心识使在。"云:"如何得不被心识使?"师便低头。

【校注】
① "又",径山本无。

413. 问:"道从何生?"师云:"者个即生也。道不属生、灭。"云:"莫是天然也无?"师云:"者个是天然。道即不与么。"

414. 问:"祖意与教意,同?别?"师云:"会得祖意,便会教意。"

415. 问:"如何是异类中行?"师云:"唵啒啉,唵啒啉。"

416. 问:"高峻难上时,如何?"师云:"老僧自住峰顶。"云："争奈曹溪路侧何？"师云："曹溪是恶。"云："今时为什么不到？"师云："是渠高峻。"

417. 问："如何是宝月当空？"师云："塞却老僧耳。"

418. 问："毫厘有差时，如何？"师云："粗。"云："应机时，如何？"师云："屈。"

419. 问："如何是沙门行？"师展手拂衣。

420. 问："祖佛命不断处，如何？"师云："无人知。"

421. 问："未审权机唤作什么？"师云："唤作权机。"

422. 问："学人近入丛林，不会，乞师指示。"师云："未入丛林，更是不会。"

423. 问："从上古德，将何示人？"师云："不因你问，老僧也不知有古德。"云："请师指示。"师云："老僧不是古德。"

424. 问："佛花①未发，如何辨②得真③实？"师云："是真④？是实？"云："是什么⑤人分上事？"师云："老僧有分，阇梨⑥有分。"

【校注】

①"佛花",《古尊宿语要》作"觉花"。

②"辨",底本作"弁",音误;永乐本作"辩",通"辨"。据径山本改。

③"真",底本作"贞"。据对校本改。

④"真",底本作"贞"。据对校本改。

⑤"什么",永乐本为双行小字。

⑥"梨",径山本作"黎"。

按,《景德传灯录》卷第十赵州本传,则将此则与下面第428则糅合:"僧问:'觉花未发时,如何辨贞实?'师云:'开也。'僧云:'是贞?是实?'师云:'贞是实,实是贞。'僧云:'什么人分上事?'师云:'老僧有分,阇梨有分。'僧云:'某甲不招纳,是如何?'师佯不闻,僧无语。师云:'去。'"

《五灯会元》卷第四《赵州从谂禅师》,略近于《景德传灯录》。

425. 问:"如何是佛?"师云:"你是什么人?"

426. 问:"蓦直路时,如何?"师云:"蓦直路。"

427. 问:"如何是玄中不断玄?"师云:"你问我,是不断玄。"

428. 问："觉花①未发时，如何辨②得真实？"师云："已发也。"云："未审是真？是实？"师云："真即实，实即真。"

【校注】

此则，永乐本无。

① "觉花"，径山本作"佛花"。

② "辨"，底本作"弁"，音误。据径山本改。

按，此则，《景德传灯录》与第424则糅为一则。请参看第424则校记。

429. 问："还有不报四恩三德①者也无？"师云："有。"云："如何是？"师云："者辜恩负德汉！"

【校注】

① "德"，对校本皆作"有"。

430. 问："贫子来，将什么物与他？"师云："不欠少。"

431. 问："如何是赵州正主？"师云："老僧是从谂。"

432. 有婆子问："婆是五障之身，如何免得？"师云："愿一切人生天,愿婆婆永沉苦海。"

433. 问:"朗月当空时,如何?"师云:"犹是阶下汉。"云:"请师接上阶。"师云:"月落了来相见。"

【校注】

按,《抚州曹山本寂禅师语录》卷上,亦录此则:"僧问:'朗月当空时,如何?'师曰:'犹是阶下汉。'僧云:'请师接上阶。'师云:'月落后来相见。'"《大正新修大藏经》据日本宽保元年刊大谷大学藏本排印,其后有小字注:"赵州语录同此,今并存之。"

434. 师有时示众云:"老僧初到药山时,得一句子,直至如今齁齁①地饱。"

【校注】

①"齁齁",同"齁齁"。

赵州和尚语录卷下

并对机勘辨（底本作"弁"。据文义改）偈颂等

435. 师因在室坐禅次，主事报和尚云①："大王来礼拜。"大王礼拜了，左右问："列②土王来，为什么不起?"师云："你不会。老僧者里，下等人来，出三门接；中等人来，下禅床接；上等人来，禅床上接。不可唤大王作中等、下等人也，恐屈大王。"大王欢喜，再三请入内供养。

【校注】

此则，永乐本无。

① "和尚云"三字，径山本无。

② "列"，底本作"烈"。径山本无。"烈"误。

按，《祖堂集》卷第十八《赵州和尚》："大王礼拜师，师不下床。侍者问：'大王来，师为什么不下地?'师云：'汝等不会。上等人来，上绳床接；中等人来，下绳床接；下等人来，三门外接。'"

《景德传灯录》卷第十《赵州东院从谂禅师》，将此则与第347则连在一起："……翌日，令客将传语。师下禅床受之。

少间,侍者问:'和尚见大王来,不下禅床。今日军将来,为什么却下禅床?'师云:'非汝所知。第一等人来,禅床上接;中等人来,下禅床接;末等人来,三门外接。'"

《联灯会要》卷第六《赵州观音从谂禅师》:"……后军将来,师却下绳床。侍者问:'和尚见大王,不下绳床;军将来,为甚么却下绳床?'师云:'非汝所知。上等人来,绳床上接;中等人来,下绳床接;下等人来,三门外接。'"上面乃第347则的内容。

《释氏通鉴》卷第十一《癸丑景福二[年]》,亦与第347则一体:"翌日,令客将传语。师下禅床接之。少间,侍者问:'和尚!昨日大王来,却不下禅床。今日军将来,为甚么下禅床?'师云:'非汝所知。上等人来,禅床上接;中等人来,下禅床接;末等人来,三门外接。'"

《五灯会元》卷第四《赵州从谂禅师》,近于《景德传灯录》。

436. 师因问周员外:"你还梦①见临济也无?"员外竖起拳,师云:"那边见?"外云:"者边见。"师云:"什么处见临济?"员外无对。

师问周员外:"什么处来?"云:"非来,非去。"师云:"不是老鸦,飞来飞去!"

【校注】

① "还梦"二字,永乐本为双行小字。

437. 师示众云:"才有是非,纷然失心。还有答话分也无?"后有僧举似洛浦,洛浦扣齿。又举似①云居,云居云:"何必!"僧举似师,师云:"南方大有人丧身失命。"僧云:"请和尚举。"师才举,僧便指傍僧,云:"者个师僧,吃却饭了,作什么语话!"师休去②。

【校注】

此则,永乐本无。

① "似",底本作"侣"。据前后文及径山本改。

② "师休去"三字,据径山本补。

按,若依《景德传灯录》卷第十赵州本传,洛浦("乐普"乃同音替代字)、云居与赵州好像同时在场:"师上堂。云:'才有是非,纷然失心。还有答话分也无?'乐普在众扣齿。云居云:'何必!'师云:'今日大有人丧身失命。'有僧云:'请和尚举。'师便举前语。僧指傍僧,云:'这僧作怎么语话!'师乃休。"

《联灯会要》卷第六《赵州从谂禅师》,乃综合之辞:"示众云:'才有是非,纷然失心。还有答话分也无?'后僧举似洛浦,浦扣齿。又举似云居,居云:'何必!'僧回,举似师,师云:'南方大有人丧身失命!'僧云:'请和尚举。'师才举,僧指傍僧,云:'这僧作怎么语话。'师便休去。"

《五灯会元》卷第四《赵州从谂禅师》,又是糅合底本、

《景德传灯录》和《联灯会要》而成。

438. 师因看《金刚经》次,僧便问:"一切诸佛及诸佛阿耨菩提,皆从此经出。如何是此经?"师云:"《金刚般若波罗蜜①经》:'如是我闻,一时佛在舍卫国……'"僧云:"不是。"师云:"我自理经,也不得?"

【校注】
①"蜜",永乐本作"密"。

439. 因僧辞去,师云:"阇梨①出外,忽有人问:'还见赵州否?'你作么生祇对?"云:"只可道:'见。'"师云:"老僧是一头驴,你作么生见?"僧②无语。

【校注】
①"梨",径山本作"黎"。
②"僧",底本无。据对校本补。

按,《祖堂集》卷第十八《赵州和尚》:"僧辞次,师问:'外方有人问"还见赵州也无",作么生向他道?'僧云:'只道见和尚。'师云:'老僧似一头驴,汝作么生见?'僧无对。"

440. 师问新到:"从什么处来?"云:"南方来。"师云:"还知有赵州关么?"云:"须知赵州①关者。"师叱云:"者贩私盐汉！"又云："兄弟！赵州关也难过。"云："如何是赵州关?"师云："石桥是。"

【校注】

永乐本无。

①"赵州"，径山本作"有不涉"。

按，《景德传灯录》卷第十赵州本传："师问新到僧：'什么处来?'僧云：'从南来。'师云：'还知有赵州关否?'僧云：'须知有不涉关者。'师云：'这贩私盐汉！'"

宋代睦庵善卿撰、大观二年（1108）即已刊行的《祖庭事苑》，卷三《雪窦祖英上·赵州关》援用，文字次序大为不同："谂和上示众云：'赵州关也难过。'僧云：'如何是赵州关?'师云：'石桥是。'又向僧云：'甚么处来?''南泉。'师云：'还知有赵州关否?'僧云：'须知有不涉关者。'师云：'者贩私盐汉。'……"

《联灯会要》卷第六《赵州观音从谂禅师》："师问僧：'甚处来?'云：'南方来。'师云：'还知有赵州关么?'云：'须知有不涉关者。'师云：'这贩私盐贼！'"

《五灯会元》卷第四《赵州从谂禅师》，语句近于《景德传灯录》。

441. 有僧从雪峰来。师云："上座莫住此间，老僧者里只是避难所在，佛法尽在南方。"云："佛法岂有南、北?"师云:"直饶你从云居①、雪峰来,也只是个担板汉。"云:"未审那边事如何?"师云:"你因什么②夜来尿床?"云:"达后如何?"师云:"又是阿③屎。"

【校注】

永乐本无。

① "云居",径山本作"雪峰"。

② "什么",径山本作"甚"。

③ "阿",径山本作"屙"。"阿"为"屙"的古体。

按,《景德传灯录》卷第十赵州本传:"新到僧参,师问:'什么处来?'僧云:'南方来。'师云:'佛法尽在南方。汝来这里作什么?'僧云:'佛法岂有南北耶?'师云:'饶汝从雪峰、云居来,只是个担板汉。'崇寿稠别云:'和尚是据客置主人。'"

《联灯会要》卷第六《赵州观音从谂禅师》:"师问僧:'甚处来?'云:'南方。'师云:'佛法尽在南方,汝来这里作甚么?'云:'佛法岂有南北?'师云:'饶汝从雪峰、云居来,也只是个担板汉。'"

《五灯会元》卷第四《赵州从谂禅师》,言辞大致同于《景德传灯录》。

442. 示众云①:"我此间有出窟师子,亦有在窟师子,只是难得师子儿。"时有僧弹指对之,师云:"是什么?"云:"师子儿。"师云:"我唤作师子儿,早②是罪过,你更行趯踏。"

【校注】

① "云",永乐本无。

② "早",底本作"是"。据对校本改。

按,《祖堂集》卷第十八《赵州和尚》:"师示众云:'我这里亦有在窟师子,亦有出窟师子。只是无师子儿。'有僧出来,弹指两三下。师云:'作什么?'僧云:'师子儿。'师云:'我唤作师子,早是罪过。你又更蹴踏作什么?'"

443. 师问①新到:"离什么处?"云:"离雪峰。"师云:"雪峰有什么言句示人?"云:"和尚寻常道:'尽十方世界是沙门一只眼。你等诸人向什么处阿②?"师云:"阇梨③若回,寄个锹子去。"

【校注】

① "师",底本无。据对校本补。"师问"二字,永乐本为双行小字。

② "阿",对校本作"屙"。"阿"、"屙"是古体字和今体字的关系。

③ "梨",径山本作"黎"。

按,此则文字,大致同于第463则。

《祖堂集》卷第七《雪峰和尚》,亦有类似文字:"雪峰和尚,嗣德山。在福州。……僧问福州西禅:'三乘十二分教则不问。祖师西来的的意,只请一言。'西禅竖起拂子,其僧不肯。后到雪峰,师问:'什么处来?'对云:'西禅来。'师云:'有什么佛法因缘?'僧举前话,师云:'你还肯也无?'对云:'作么生肯?'师云:'作么生说不肯底道理?'对云:'什么生问,师将境示人。'师云:'是你从西禅与么来到这里,过却多少林木,总是境。你因什么不(原衍一"不"字)肯?只得不肯拂子。'僧无对。因此,师云:'尽乾坤是一个眼,是你诸人向什么处放不净?'庆对云:和尚何得重重相欺?'有人持此语举似赵州,赵州云:'上座若入闽,寄上座一个锹子去。'"

《联灯会要》卷第六《赵州观音从谂禅师》:"师问僧:'发足甚处?'云:'雪峰。'师云:'有何言句?'云:'寻常道:"尽大地是沙门一只眼,你等诸人向甚么处屙?"'师云:'上座若回,寄个锹子去。'雪窦云:'这僧既不从雪峰来,可惜赵州锹子。'瑯瑘觉云:'众中有云寄锹子去,埋却赵州;若道寄钵盂去,便道盛粥饭。用狂解梦见,作么商量?不是僧繇手,徒说学丹青。'"

《五灯会元》卷第四赵州本传,文则为:"问僧:'发足甚处?'曰:'雪峰。'师曰:'雪峰有何言句示人?'曰:'寻常道:"尽十方世界是沙门一只眼,你等诸人,向甚处屙?"'师曰:'阇黎若回,寄个锹子去。'"

明代林弘衍编《雪峰义存禅师语录》卷上:"师垂语云:'尽大地是沙门一只眼,汝等诸人向什么处屙?'僧到赵州,州问:'甚处来?'僧云:'雪峰来。'州云:'雪峰近日有何言句?'僧举前话,州云:'你过去时,寄个锹子去。'后雪窦拈云：'者僧不从雪峰来，可惜个锹子。'"

444. 师因舍衣俵大众次，僧便问："和尚总舍却了，用个什么去？"师召云："湖州子！"僧应喏。师云："用个什么？"

445. 师①示众云："未有世界，早有此性。世界坏时，此性不坏。"僧问："如何是此性？"师云："五蕴四大。"云："此犹是坏。如何是②此性？"师云："四大五蕴。"

【校注】

① "师"，永乐本无。
② "是"，底本、永乐本皆无。据径山本补。

按，《景德传灯录》卷第二十八《诸方广语·赵州从谂和尚语》，将此则与第205则连在一起："……时有僧问：'承师有言："世界坏时，此性不坏。"如何是此性？'师曰：'四大五阴。'僧曰：'此犹是坏底。如何是此性？'师曰：'四大五阴。'"

《联灯会要》卷第六《赵州观音从谂禅师》："时有僧问：'承闻和尚有言："世界坏时，此性不坏。"如何是此性？'师云：'四大五蕴。'云：'此犹是坏底。如何是此性？'师云：'四大五蕴。'法眼云：'是一个？是两个？是坏？是不坏？且作么生会？试断看。'"

《五灯会元》卷第四赵州本传，文几同于《景德传灯录》，小注则与《联灯会要》一致。

446. 定州有一座主到。师问:"习何业?"云:"经律论不听便讲。"师举手示之:"还讲得者个么?"座主茫然不知。师云:"直饶你不听便讲得,也只是个讲经论汉。若是佛法,未在。"云:"和尚即今语话,莫便是佛法否?"师云:"直饶你问得、答得,总属经论。佛法未在。"①主②无语。

【校注】

① "云和尚即今语话……佛法未在"一段,径山本无。
② "主",底本无。据永乐本、径山本补。

447. 师因①问一行者:"从什么处来?"云:"北院来。"师云:"那院何似者院?"行者无对。有僧在边立,师令代行者语。僧代云:"从那院来。"师笑之。师又令文远代之,文远云:"行者还是不取师语话。"

【校注】

① "因",对校本无。

448. 师问座主:"所习何业?"云:"讲《维摩经》。"师云:"《维摩经》步步是道场,座主在什么处?"主①无对。师令全益代座主语,全益云:"只者一问,可识道场么?"师云:"你身在道场里,心在什么处?速道取!"云:"和尚不是觅学人心?"师云:"是。"云:"只者一问一会,是什么?"师云:

"老僧不在心所里,法过眼耳鼻舌身意而知解。"云:"既不在心数里,和尚为什么觅?"师云:"为你道不得。"云:"法过眼耳鼻舌身意而不解,作么生道不得?"师云:"吃我涕唾。"

【校注】

① "主",底本、永乐本无。据径山本补。

449. 师问僧:"你曾看《法华经》么?"云:"曾看。"师云:"经中道:'纳衣在空闲,假名阿练若,诳惑世间①人。'你作么生会?"僧拟礼拜,师云:"你披纳衣来否?"云:"披来。"师云:"莫或②我。"云:"如何得不或③去?"师云:"自作活计,莫取老僧语。"

【校注】

① "间",底本作"界"。据对校本改。
② "或",对校本作"惑"。通。
③ "或",对校本作"惑"。通。

按,《联灯会要》卷第六《赵州观音从谂禅师》:"师问僧:'曾看《法华经》么?'云:'曾看来。'师云:'"衲衣在空闲,假名阿练若,诳惑世间人"。作么生会?'僧拟议,师云:'你披衲衣来么?'僧云:'披来。'师云:'莫惑我。'僧云:'如何得不惑去?'师云:'莫取我语。'"

450. 师问座主:"所习何业?"云:"讲《维摩经》。"师云:"那个是维摩祖父?"云:"某甲是。"师云:"为什么却为儿孙传语?"无对。

【校注】

按,《祖堂集》卷第十八《赵州和尚》:"师问座主:'所业什么?'对云:'讲《维摩经》。'师云:'维摩还有祖父也无?'对云:'有。'师云:'阿那是维摩祖父?'对云:'则某甲便是。'师云:'既是祖父,为什么却与儿孙传语?'座主无对。"

451. 师一日上堂。僧才出礼拜,师乃合掌珍重。

又一日,僧礼拜,师云:"好!好!"问云:"如何是禅?"师云:"今日天阴,不答话。"

452. 问新到:"从何方来?"云:"无方面来。"师乃转背,僧将坐具随师转。师云:"大好无方面!"

【校注】

按,《祖堂集》卷第十八《赵州和尚》:"新到展坐具次,师问:'近离何方?'僧云:'无方面。'师起,向僧背后立。僧把坐具起。师云:'太好无方面!'"

453. 问新到:"从什么处来?"云:"南方来。"师云:"三千里外逢，莫戏。"云："不曾。"师云："摘杨花！摘杨花！"

【校注】

按，《祖堂集》卷第十八《赵州和尚》："有僧辞，师问（"师问"二字原无。据文义补）：'什么处去？'对云：'南方去。'师云：'三千里外逢人，莫喜。'僧云：'学人不会。'师云：'柳絮！柳（原作"栁"。《字汇补·木部》："栁，古文柳字。"）絮！'"

454. 丰干到五台山下，见一老人。干云："莫是文殊也无？"老人云："不可有二文殊也。"干便礼拜，老人不见。有僧举似师，师云："丰干只具一只眼。"师乃令文远："作老人。我作丰干。"师云："莫是文殊也无？"远云①："岂有二文殊也！"师云："文殊！文殊！"

【校注】

① "远云"二字，底本、永乐本无。据径山本补。

按，《景德传灯录》卷第二十七《天台丰干禅师》："天台丰干禅师者，不知何许人也。居天台国清寺。剪发齐眉，衣布裘。……师寻独入五台山巡礼，逢一老翁。师问：'莫是文殊否？'曰：'岂可有二文殊？'师作礼未起，已然不见。"注文曰："赵州沙弥举似和尚，赵州代丰干云：'文殊！文殊！'"

《联灯会要》卷第二十九《应化贤圣·无著和尚》称，在五台山见老人者乃无著："无著和尚，往台山。……师游五台，逢一老人。师问：'莫是文殊么？'云：'岂有二文殊？'师才作礼，老人忽然不见。赵州代云：'文殊！文殊！'天衣怀云：'无著只有先锋，且无殿后。老人若不隐去，有甚面目见无著？'"

455. 师问二新到："上座曾到此间否？"云："不曾到。"师云："吃茶去。"又问那一人："曾到此间否？"云："曾到。"师云："吃茶去。"院主问："和尚！不曾到教伊吃茶去，即且置①。曾到，为什么教伊吃茶去？"师云："院主！"院主应喏。师云："吃茶去！"

【校注】

① "置"，底本、永乐本作"致"。同音替代字。

按，倘依《祖堂集》卷第十八《赵州和尚》，被问的僧乃同一人："师问僧：'还曾到这里么？'云：'曾到这里。'师云：'吃茶去。'师云：'还曾到这里么？'对云：'不曾到这里。'师云：'吃茶去。'又问僧：'还曾到这里么？'对云：'和尚问作什么？'师云：'吃茶去。'"

《联灯会要》卷第六《赵州观音从谂禅师》："师问新到：'曾到此间否？'云：'曾到。'师云：'吃茶去。'又问一僧，僧云：'不曾到。'师云：'吃茶去。'院主问：'为甚曾到此间，吃茶去；不曾到此间，也吃茶去？'师召院主，主应喏。师云：'吃茶去。'保福展云：'赵州惯得其便。'后镜清举问僧云：'作么生？'僧便出去。清云：'邯郸学唐步。'雪窦云：'这僧不是邯郸人，为甚却学唐步？若辨得出，与你茶吃。'"

《五灯会元》卷第四赵州本传："师问新到：'曾到此间么？'曰：'曾到。'师曰：'吃茶去。'又问僧，僧曰：'不曾到。'师曰：'吃茶去。'后，院主问曰：'为甚么曾到也云吃茶去，不曾到也云吃茶去？'师召院主，主应喏。师曰：'吃茶去。'"

456. 师到云居。云居云："老老大大，何不觅个住处？"师云："什么处住得？"云居云："前面有古寺基。"师云："与么，即和尚自住取。"

师又到茱萸。茱萸云："老老大大，何不觅个住处去？"师云："什么处住得？"茱萸云："老老大大，住处也不识？"师云："三十年弄马骑，今日却被驴扑。"

师又到茱萸方丈，上下观瞻。茱萸云："平地吃交作什么？"师云："只为心粗。"

【校注】

按，《祖堂集》卷第十八《赵州和尚》，并未言问者身份："师又到一老宿处。老宿云：'老大人，何不觅取住处？'师云：'什么处是某甲住处？'老宿云：'老大人，住处也不识？'师云：'三十年学骑马，今日被驴扑。'"

《景德传灯录》卷第十《鄂州茱萸山和尚》，则云："鄂州茱萸山和尚。……赵州谂和尚先到云居，云居问曰：'老老大大汉，何不觅个住处？'谂曰：'什么处住得？'云居曰：'山前有古寺基。'谂曰：'和尚自住取。'后到师处，师曰：'老老大大汉,何不住去?'谂曰:'什么处住得?'师曰:'老老大大汉,住处也不知?'谂曰:'三十年弄马骑(《大正藏》本作"伎"。义皆不畅,疑乃"骑"之音误),今日却被驴扑。'云居锡云:'什么处是赵州板(《大正藏》本作"被")驴扑处?'"

《联灯会要》卷第六《赵州观音从谂禅师》:"师到云居,居云:'老老大大,何不觅个住处?'师云:'甚么处是某甲住处?'居云:'山前有个古寺基。'师云:'和尚自住取好。'后到茱萸,萸云:'老老大大,何不觅个住处?'师云:'甚么处是某甲住处?'萸云:'老老大大,住处也不知?'师云:'三十年弄马骑,今日被驴扑。'大沩喆云:'云居、茱萸为人如为己,争奈赵州不入繾绻。然虽如是,不得雪霜力,焉知松柏操!'"

457. 师一日将拄杖上茱萸法堂上,东西来去。萸云:"作什么?"师云:"探水。"萸云:"我者里一滴也无,探个什么?"师将杖子倚壁,便下去。

【校注】

按,《景德传灯录》卷第十赵州本传,言辞大异:"……又到夹山。将拄杖入法堂。夹山曰:'作么?'师曰:'沁水。'夹山曰:'一滴也无,沁什么?'师倚杖而出。"

《联灯会要》卷第六《赵州观音从谂禅师》:"师到茱萸,将拄杖于法堂上从西过东,从东过西。茱萸云:'作甚么?'师云:'探水。'萸云:'我这里一滴也无,探个甚么?'师靠却拄杖，便去。瑯琊觉云：'世乱奴欺主，时衰鬼弄人。'"

《五灯会元》卷第四《赵州从谂禅师》，乃糅合底本与《联灯会要》而成。

《五家正宗赞》卷第一《赵州真际禅师》："到茱萸，执主（当作"拄"）丈，法堂上从东过西。萸曰：'作什么？'师曰：'探水。'萸曰：'我者里一滴也无，探个什么？'师以丈倚壁便行。"

458. 台山路上有一婆子，要问僧。僧问："台山路向什么处去？"云："蓦直去。"僧才行，婆云："又与么去也。"

师闻后①，便去问："台山路向什么处去？"云："蓦直去。"师才行，婆云："又与么去也！"师便②归，举似大众云："婆子今日③被老僧勘破了也！"

【校注】

此则，永乐本无。

① "后"，径山本无。

② "便"，径山本无。

③ "今日"，径山本无。

按，《祖堂集》卷第十八《赵州和尚》，所问问题和答语颇为不同："有人问老婆：'赵州路什么处去？'婆云：'蓦底去。'僧云：'莫是西边去么？'婆云：'不是。'僧云：'莫是东边去么？'婆云：'也不是。'有人举似师，师云：'老僧自去勘破。'师自去,问:'赵州路什么处去?'老婆云:'蓦底去。'师归院,向师僧云:'勘破了也!'"

《景德传灯录》卷第十赵州本传,则曰:"有僧游五台,问一婆子云:'台山路向什么处去?'婆子云:'蓦直去。'僧便去。婆子云:'又恁么去也。'其僧举似师,师云:'待我去勘破这婆子。'师至明日,便去问:'台山路向什么处去?'婆子云:'蓦直去。'师便去。婆子云:'又恁么去也。'师归院,谓僧云:'我为汝勘破这婆子了也。'玄觉云:'前僧来(原文"僧"、"来"二字倒乙)也恁么道,赵州去也恁么道,什么处是勘破婆子?'又云:'非唯被赵州勘破,亦被这僧勘破。'"

《联灯会要》卷第六《赵州观音从谂禅师》:"台山下有婆子,凡有僧问:'台山路向甚么处去?'便云:'蓦直去。'僧才行,婆云:'好个师僧,又恁么去。'每每如斯。僧举似师,师云:'待我与汝勘过。'明日便去,亦如是问,婆亦如是答。师归,谓众云:'婆子我为汝勘破了也。'玄觉徵云:'前来也恁么问答,后来也恁么问答,且那里是赵州勘破婆子处?'又云:'非唯被赵州勘破,亦被这僧勘破。'瑯琊觉云:'大小赵州,去这婆子手中丧身失命。虽然如是,错会者多。'大沩喆颂云:'丛林老作世无俦,凛凛威风四百州。一击铁关成粉碎,恩大难将雨露酬。'"

《五灯会元》卷第四《赵州从谂禅师》,大略同于《景德传灯录》,唯个别文字依《联灯会要》而有所改动。

《五家正宗赞》卷第一《赵州真际禅师》,认为此婆子在五台山:"有僧游五台,问婆子曰:'台山路向甚处去?'婆曰:'蓦直去。'僧便去。婆曰:'好个师僧,又恁么去。'后僧举似师，师曰：'待我去勘破。'明日便去，问：'台山路向甚处去？'婆曰：'蓦直去。'师便去。婆曰：'好个师僧，又恁么去。'师归，谓僧曰：'台山婆子为汝勘破了也。'"

459. 师见僧来，挟火示之，云："会么？"僧云："不会。"师云："你不得唤作火，老僧道了也。"师挟起火，云："会么？"云："不会。"师却云："此去舒州有投子山和尚，你去礼拜问取。因缘相契，不用更来；不相契，却来。"其僧便去。才到投子和尚处，投子乃问："近离什么处？"云："离赵州，特来礼拜和尚。"投子云："赵州老人有何言句？"僧乃具①举前话。投子乃下禅床，行三五步，却坐，云："会么？"僧云："不会。"投子云："你归，举似赵州。"其僧却归，举似师，师云："还会么？"云："未会。"师云："也不较②多也。"

【校注】

① "具"，底本无。据对校本补。

② "较"，底本作"教"。据对校本改。

按，《景德传灯录》卷第十赵州本传："师敲火，问僧云：'老僧唤作火，汝唤作什么？'僧无语。师云：'不识玄旨，徒劳念静。'法灯别云：'我不如汝。'"

《联灯会要》卷第六《赵州观音从谂禅师》："师指火问僧云：'这个是火，你不得唤作火。'僧无对。师筴火示之，云：'会么？'云：'不会。'师云：'此去舒州有投子和尚，汝往问之，必为汝说。'其僧到投子,子问:'甚处来?'云:'赵州。'子云:'有何言句?'僧举前话,子云:'你作么生会?'云:'某甲不会,乞师指示。'子下绳床,行三两步,却问云:'会么?'云:'不会。'僧回,举似师。师云:'投子恁么,不较多也。'"

《五灯会元》卷第四赵州本传,言辞有异:"因僧侍次,遂指火问曰:'这个是火,你不得唤作火,老僧道了也。'僧无对。复挟起火,曰:'会么?'曰:'不会。'师曰:'此去舒州,有投子和尚,汝往礼拜,问之,必为汝说。因缘相契,不用更来;不相契,却来。'其僧到投子,子问:'近离甚处?'曰:'赵州。'子曰:'赵州有何言句?'僧举前话。子曰:'汝会么?'曰:'不会。乞师指示。'子下禅床,行三步,却坐,问曰:'会么?'曰:'不会。'子曰:'你归,举似赵州。'其僧却回,举似师。师曰:'还会么?'曰:'不会。'师曰:'投子与么,不较多也。'"

460. 洞山问僧:"什么处来?"云:"掌鞋来。"山云:"自解?依他?"云:"依他。"山云:"他还指阇梨①也无?"无对。师代云:"若允,即不违。"

【校注】

① "梨",径山本作"黎"。

按,此事,《筠州洞山悟本禅师语录》亦记载,唯言辞有异:"师问僧:'去什么处来?'僧云:'制鞋来。'师曰:'自解?依他?'僧云:'依他。'师曰:'他还指教汝也无?'僧无对。赵州代云:'若允,即不达。'"

461. 普化吃生菜,临济见云:"普化大似一头驴。"普化便作驴鸣,临济便休去。普化云:"临济小厮儿,只具一只眼。"师代云:"但与本分草料。"

【校注】

按,《联灯会要》卷第七《镇州普化和尚》:"师在临济堂前吃生菜,济云:'这汉大似一头驴!'师便作驴鸣。济唤直岁云:'细抹草料著。'师云:'少室人不识,金陵又再来。临济一只眼,到处为人开。'"双行夹注:"赵州云:'何不与他本分草料著?'"

《五家语录》卷第三《韶州云门匡真文偃禅师》,文偃有举:"僧问投子:'密岩意旨如何?'投子云:'须是与么人,始得。'赵州云:'何不与他本分草料?'"其下载:"师问僧:'作么生是本分草料?'僧拟议,师便打。"

462. 保寿问胡钉铰①:"莫便是胡钉铰②否?"云:"不敢。"保云:"还钉得虚空么?"云:"请打破虚空来。"保寿便打却,云:"他后有多口阿师,与你点破在。"胡钉铰③后举似师,师云:"你因什么被他打?"云:"不知过在什么处。"师云:"只者一缝尚④不奈何,更教他打破钉铰⑤,便会。"师代⑥云:"且钉者一缝。"

【校注】

① "铰",底本作"教",同音替代字。据对校本改。

② "铰",底本作"教"。据对校本改。

③ "铰",底本作"教"。据对校本改。

④ "尚",底本、永乐本作"上",音同。据径山本改。

⑤ "铰",底本作"教"。据对校本改。

⑥ "代",径山本作"又"。

按,《祖堂集》卷第二十《宝寿和尚》:"宝寿和尚,嗣临济。师讳沼,在镇州。未睹行录,不决化缘终始。师问胡钉铰:'见说解钉铰,是不?'对曰:'是也。'师曰:'还解钉铰得虚空么?'对曰:'请和尚打破将来。'师便打之,对曰:'莫错打某甲!'师云:'向后有多口阿师,与你点破在。'有人举似赵州,赵州云:'只者一缝,尚不奈何。'东山代第一云:'若是某甲手里,阿那个缝开不钉!'"

《景德传灯录》卷第十二《镇州宝寿和尚》,亦有关于胡钉铰的类似文字:"胡钉铰参。师问:'汝莫是胡钉铰?'曰:'不敢。'师曰:'还解钉得虚空否?'曰:'请和尚打破,某甲与钉。'师以拄杖打之,胡曰:'和尚莫错打某甲。'师曰:'向后有多口阿师,与汝点破在。'"下引赵州语乃注文:"赵州云:'只这一缝,尚不奈何。'乃代云:'且钉这一缝。'"

《天圣广灯录》卷第十二《镇州宝寿沼禅师》中,多出赵州所说数语："胡钉铰来参。师云：'莫是胡钉铰么？'铰云：'不敢。'师云：'还钉得虚空么？'胡云：'请和尚打破将来。'师便打，铰不肯，到骂于师。师云：'已后有多口阿师，与汝说去。'铰后参赵州，赵州云：'莫是胡钉铰么？'铰云：'不敢。'赵州云：'还钉得虚空么？'铰云：'请和尚打破将来。'赵州云：'且钉者一缝。'铰于言下有省，遂举宝寿行棒因缘。赵州云：'我恁么道，与宝寿三里万里。'"

《联灯会要》卷十《镇州保寿沼禅师》语辞相近，然无"到骂于师"，"已后"作"向后"，"与汝说去"作"为汝点破在"。其下曰："胡后见赵州，州问：'莫是胡钉铰么？'胡云：'不敢。'州云：'还钉得虚空么？'胡云：'请和尚打破将来。'州云：'且钉这一缝。'胡于言下有省，遂举保寿行棒因缘问州：'未审某甲过在甚么处？'州云：'我与么，与他保寿千里万里。'"

463. 师问新到："离什么处？"云："雪峰来。"师云："雪峰有什么言句示人？"云："雪峰寻常道：'尽十方世界都来①是沙门一只眼，你诸人向什么处阿②？'"师云："你若回，寄阇梨一个锹子去。"

【校注】

径山本无。此则，与第443则颇为近似，请参看。

① "来"，底本无。据永乐本补。

② "阿",永乐本作"屙"。"阿"、"屙"是古今字的关系。

464. 师因行路次,见一婆子。问:"和尚住①什么处?"师云:"赵州东院西。"师举向②僧,云:"你道使那个西字?"一僧云:"东西字。"一僧云:"依栖字。"师云:"汝③两人总作得盐铁判官。"

【校注】

此则,永乐本无。

① "住"后,径山本有"在"字。

② "向",径山本作"问"。

③ "汝",径山本作"你"。

按,《景德传灯录》卷第十赵州本传:"师出院,路逢一婆子。问:'和尚住什么处?'师云:'赵州东院西。'婆子无语。师归院,问众僧:'合使那个西字?'或言东西字,或言栖泊字。师曰:'汝等总作得盐铁判官。'僧曰:'和尚为什么怎么道?'师曰:'为汝总识字。'法灯别众僧云:'已知去处。'"

《联灯会要》卷第六《赵州观音从谂禅师》:"婆子问云:'和尚住在甚处?'师云:'赵州东院西。'婆无语。师归寺,问僧:'你道使那个西字?'或云东西字,或云栖泊字。师云:'汝总作得盐铁判官。'僧云:'师意如何?'师云:'为汝总识字。'"

《五灯会元》卷第四《赵州从谂禅师》,大略同于《景德传灯录》。

465. 师与侍郎游园,见兔走过。侍郎问:"和尚是大善知识,兔子见为什么走?"师云:"老僧好杀。"

【校注】

此则,永乐本无。

按,《景德传灯录》卷第十赵州本传:"又有人与师游园,见兔子惊走。问云:'和尚是大善知识,为什么兔子见惊?'师云:'为老僧好杀。'"

《五灯会元》卷第四《赵州从谂禅师》:"师与官人游园次,兔见乃惊走。遂问:'和尚是大善知识,兔见为甚么走?'师曰:'老僧好杀。'"

466. 师因见僧扫地次,遂问:"与么扫,还得净洁也无?"云:"转扫转多。"师云:"岂无拨尘者也?"云:"谁是拨尘者?"师云:"会与①?"云:"不会。"师云:"问取云居去。"其僧乃去问云居:"如何是拨尘者?"云居云:"者瞎汉。"

【校注】

此则,永乐本无。

①"与",径山本作"么"。

按,《联灯会要》卷第六《赵州观音从谂禅师》:"师见僧扫地，遂问：'与么扫，还得净洁也无？'僧云：'转扫转多。'师云：'岂无拨尘者？'僧云：'谁是拨尘者？'师顾视，云：'会么？'僧云：'不会。'师云：'问取云居去。'僧问云居，居云：'这瞎汉！'"

467. 师问僧："你在此间多少时也？"云："七八年。"师云："还见老僧么？"云："见。"师云："我作一头驴，你作么生见？"云："入法界见。"师云："我将为①你有此一著。枉吃了如许多饭。"僧云："请和尚道。"师云："因什么不道：'向草料里见？'"

【校注】

此则，永乐本无。

①"为"，通"谓"。

468. 师问菜头："今日吃生菜？熟菜？"菜头提起一茎菜，师云："知恩者少，负恩者多。"

【校注】

此则，永乐本无。

按，《景德传灯录》卷第十赵州本传："师问菜头：'今日吃生菜？熟菜？'菜头拈起菜呈之。师云：'知恩者少，负恩者多。'"

《五灯会元》卷第四《赵州从谂禅师》,几同于《景德传灯录》。

469. 有俗行者到院烧香。师问僧:"伊在那里烧香礼拜,我又共你在者里语话。正与么时生,在那头?"僧云:"和尚是什么?"师云:"与么,即在那头也。"云:"与么,已是先也。"师笑之。

470. 师与小师文远论义,不得占胜,占胜者输餬饼。师云:"我是①一头驴。"远云:"我是驴肘②。"师云:"我是驴粪。"远云:"我是粪中虫。"师云:"你在彼中作么?"远云:"我在彼中过夏。"师云:"把将餬饼来!"

【校注】
① "是",底本作"有"。据对校本及文义改。
② "肘",底本作"纣",同音替代字。永乐本作"胃";径山本作"胄",显为"胃"之形误。

按,《祖堂集》卷第十八《赵州和尚》,所记详尽得多:"师有一日向七岁儿子云:'老僧尽日来心造,与你相共论义。你若输,则买餬饼与老僧;老僧若输,则老僧买餬饼与你。'儿子云:'请师立义。'师云:'以劣为宗,不得诤胜。老僧是一头驴。'儿子云:'某甲是驴粪。'师云:'是你与我买餬饼。'儿子云:'不得,和尚!和尚须与某甲买餬饼始得。'师与弟子相争，断不得。师云：'者个事军国事一般，官家若判不得，须唤村公断。这里有三百来众，于中不可无人，大众与老僧断：宾主二家，阿那个是有路？'大众断不得。师云：'须是具眼禅师始得。'三日后，沙弥觉察，买餺饼供养和尚矣。"

《联灯会要》卷第六《赵州观音从谂禅师》："师与文远论义，斗劣不斗胜，胜者输胡饼。远云：'请和尚立义。'师云：'我是一头驴。'远云：'某甲是驴胃。'师云：'我是驴粪。'远云：'某甲是粪中虫。'师云：'你在彼作甚么？'远云：'在彼过夏。'师云：'把将胡饼来！'"

《五灯会元》卷第四赵州本传，则将斗胜劣的奖品变为果子："师与文远论义曰：'斗劣不斗胜。胜者输果子。'远曰：'请和尚立义。'师曰：'我是一头驴。'远曰：'我是驴胃。'师曰：'我是驴粪。'远曰：'我是粪中虫。'师曰：'你在彼中作甚么？'远曰：'我在彼中过夏。'师曰：'把将果子来！'"

471. 师因入内，回路上，见一幢子无一截。僧问云："幢子一截上天去也？入地去也？"师云："也不上天，也不入地。"云："向什么处去？"师云："扑落也。"

【校注】
此则，永乐本无。

472. 师坐次，一僧才出礼拜，师云："珍重。"僧伸问次，师云:"又是也。"

【校注】

按,《祖堂集》卷第十八《赵州和尚》:"有僧才礼拜,师云:'珍重。'僧申问,师云:'又是也!又是也!'"

473. 师因在檐前立,见燕子语。师云:"者燕子!喃喃地招人言语。"僧问:"未审他还甘也无?"师云:"依稀①似曲才堪听,又被风吹别调中。"

【校注】

① "稀",底本误作"俙"。

474. 有僧辞去,师云:"什么处去?"云:"闽中去。"师云:"闽中大有兵马,你顺回避。"云:"向什么①处回避?"师云:"恰好。"

【校注】

① "什么",径山本作"甚"。

按,《五灯会元》卷第四赵州本传,言辞有异:"僧辞,师问:'甚么处去?'曰:'闽中去。'师曰:'彼中兵马隘,你须回避始得。'曰:'向甚么处回避?'师曰:'恰好。'"

475. 有僧上参次,见师衲衣盖头坐次,僧便退。师云:

"阇梨①莫道老僧不祇对。"

【校注】
① "梨",径山本作"黎"。

476. 师问僧:"从什么处来?"云:"南方来。"师云:"共什么人为伴?"云:"水牯牛。"师云:"好个师僧!因什么与畜生为伴?"云:"不异故。"师云:"好个畜生!"云:"争肯?"师云:"不肯且从。还我伴来!"

【校注】
按,《祖堂集》卷第十八《赵州和尚》:"师问新到:'近离什么处?'云:'近离南方。'师云:'什么人为伴子?'僧云:'畜生为伴子。'师云:'好个阇梨!为什么却与畜生作伴子?'僧云:'无异故。'师云:'太好畜生!'僧云:'争肯?'师云:'不肯则一任,还我伴子来!'僧无对。"

477. 师问僧:"堂中还有祖师也无?"云:"有。"师云:"唤来与老僧洗脚。"

478. 堂中有二僧相推,不肯作第一座。主事白和尚,师云:"总教他作第二①座。"云:"教谁作第一座?"师云:"装香着②。"云:"装香了也。"师云:"戒香?定香?"

【校注】

① "第二",永乐本为双行小字。

② "着",对校本作"著"。通。

按,《联灯会要》卷第六《赵州观音从谂禅师》:"师座下有二僧,相推不肯作第一座。主事白师,师云:'总教作第二座。'主事云:'第一座教谁作?'师云:'装香著。'云:'装香了也。'师云:'戒香?定香?慧香?解脱香?'"

479. 师问僧:"离什么处?"云:"离京中。"师云:"你还从潼关过么?"云:"不历。"师云:"今日捉得者贩私盐汉。"

480. 因送亡僧,师云:"只是一个死人,得无量人送。"又云:"许多死汉,送一个生汉。"时有僧问:"是心生?是身生?"师云:"身心俱不生。"云:"者个作什么?"师云:"死汉。"

481. 有僧见猫儿,问云:"某甲唤作猫儿,未审和尚唤作什么?"师云:"是你唤作猫儿。"

482. 因镇州大王来访师,侍者来报师,云:"大王来!"师云:"大王万福。"侍者云:"未在,方到三门下。"师云:"又道大王来也。"

【校注】

按,《联灯会要》卷第六《赵州观音从谂禅师》:"师因侍者报云:'大王来!'师起身鞠躬,云:'万福,大王!'者云:'未到在。'师云:'又道来也!'黄龙南云:'头头漏泄,罕遇仙陀。侍者只解报客,不知身在帝乡;赵州入草求人,不觉浑身泥水。'"

《五灯会元》卷第四赵州本传,文亦有省略:"因侍者报:'大王来也!'师曰:'大王万福。'者曰:'未到在。'师曰:'又道来也。'"

483. 因上东司,召文远。文远应喏。师云:"东司上,不可与你说佛法也。"

【校注】

按,《联灯会要》卷第六《赵州观音从谂禅师》:"师一日在东司上,见文远过,蓦召云:'文远!'远应喏。师云:'东司上,不可与汝说佛法。'"

《五灯会元》卷第四赵州本传收录,文曰:"师在东司上,见侍者文远过,蓦召文远。远应喏。师曰:'东司上,不可与汝说佛法。'"

484. 因在殿上过,乃唤侍者,侍者应喏。师云:"好一殿功德。"侍者无对。

485. 师因到临济，方始洗脚，临济便问："如何是祖师西来意？"师云："正值洗脚。"临济乃近前侧聆，师云："若会便会。若①不会，更莫啅啄。作么！"临济拂袖去。师云②："三十年行脚，今日为人错下注脚。"

【校注】

① "若"，底本无。据对校本补。

② "云"，永乐本作"二"，显系误刻。

按，《天圣广灯录》卷第十《镇州临济院义玄慧照禅师》："赵州行脚时，参师。遇师洗脚次，州便问：'如何是祖师西来意？'师云：'恰值老僧洗脚。'州近前作听势。师云：'更要第二杓恶水泼在？'州便下去。"

《联灯会要》卷第九《镇州临济义玄禅师》亦有，语句颇类于《天圣广灯录》，唯"参师"作"见师"、"遇师"作"值师"而小异尔。

《古尊宿语录》卷第四《镇州临济慧照禅师语录·勘辨》所撷，同于《天圣广灯录》。

《五家语录》卷一《临济宗·镇州临济义玄禅师》所记，近于底本，然又有异文："赵州游方到院，在后架洗脚次，师便问：'如何是祖师西来意？'赵州云：'恰值山僧洗脚。'师近前作听势，赵州云：'会即便会，啅啄作甚么？'师便归方丈。赵州云：'三十年行脚，今日错为人下注脚。'"

486. 师因到天台国清寺,见寒山、拾得。师云:"久向①寒山、拾得,到来只见两头水牯牛。"寒山、拾得便作牛斗。师云:"叱!叱!"寒山、拾得咬齿相看。师便归堂。二人来堂内,问:"师适来因缘,作么生?"师乃呵呵大笑。

【校注】
①"向",底本、永乐本作"响"。据径山本和文义改。

487. 一日,二人问师:"什么处去来?"师云:"礼拜五百尊者来①。"二人云:"五百头水牯牛聻,尊者?"师云:"为什么作五百头水牯牛去?"山云:"苍天!苍天!"师呵呵大笑。

【校注】
①"来",底本无。据对校本补。

按,《联灯会要》卷第二十九《应化贤圣·寒山》所记,内容颇为不同:"寒山因赵州游天台,路次相逢。山见牛迹,问州云:'上座还识牛么?'州云:'不识。'山指牛迹,云:'此是五百罗汉游山。'州云:'既是罗汉,为甚么却作牛去?'山云:'苍天!苍天!'州云:'这厮儿!宛有大人之作。'"

488. 师行脚时,见二庵主,一人作丫角童。师问讯,二人殊不顾。来日早晨,丫角童将一铛饭来放地上,分作三分。庵主将席子近前坐,丫角童亦将席近前相对坐,亦不唤师。师乃亦将席子近前坐。丫①童目顾于师,庵主云:"莫言侵早起,更有夜行人。"师云:"何不教诏这行者?"庵主云:"他是人家男女。"师云:洎合放过。"丫童便起,顾视庵主云:"多口作么?"丫童从此入山不见。

【校注】

① "丫"后,原有一"童"字。据对校本及上下文删。

489. 师因看经次,沙弥文远入来,师乃①将经侧视之。沙弥乃出去②。师随后把住,云:"速道!速道!"文远云:"阿弥陀佛!阿弥陀佛!"师便归方丈。

【校注】

① "乃",永乐本无。
② "乃出去","乃"、"去",永乐本无。

490. 因沙弥童行参,师向侍者道:"教伊去。"侍者向行者道:"和尚教去。"①师云:"沙弥童行得入门,侍者在门外。"

【校注】

① "和尚教去"后,径山本有"行者便珍重"数字。

按,《景德传灯录》卷第十赵州本传:"师闻沙弥喝参,向侍者云:'教伊去。'侍者乃教去。沙弥便珍重去。师云:'沙弥得入门,侍者在门外。'云居锡云:'什么处是沙弥入门、侍者在门外？这里若会得，便见赵州。'"

《联灯会要》卷第六《赵州观音从谂禅师》："师闻沙弥喝参，乃向侍者道：'教伊去。'者才教去，沙弥便珍重。师谓傍僧云：'沙弥得入门，侍者在门外。'云居锡云：'甚么处是沙弥得入门，侍者在门外处？这里会得，便见赵州。'"

《五灯会元》卷第四《赵州从谂禅师》，略同于《景德传灯录》。

491. 师行脚时，到一尊宿院。才入门①相见，便云："有么？有么？"尊宿竖起拳头，师云："水浅船②难泊。"便出去③。又到一院，见尊宿便云："有么？有么？"尊宿竖起拳头，师云："能纵能夺，能取能撮。"礼拜便出去④。

【校注】

① "入门"二字，永乐本无。
② "船"，永乐本作"舡"。同。
③ "去"字，永乐本无。
④ "去"字，永乐本无。

按，《联灯会要》卷第六《赵州观音从谂禅师》："师访一庵主，问云：'有么？有么？'主竖起拳。师云：'水浅不是泊舡处。'又访一庵主，云：'有么？有么？'主亦竖起拳。师云：'能纵能夺，能杀能活。'便作礼。云居舜云：'赵州当时甚生意气。虽然如是，要且鼻孔在二庵主手里。'教忠光云：'赵州气宇如王，向二庵面前冰消瓦解。'"

《五灯会元》卷第四赵州本传:"师到一庵主处,问:'有么?有么?'主竖起拳头。师曰:'水浅不是泊船处。'便行。又到一庵主处,问:'有么?有么?'主亦竖起拳头。师曰:'能纵能夺,能杀能活。'便作礼。"

492. 师一日拈数珠,问新罗长老:"彼中还有者个也无?"云:"有。"师云:"何似者个?"云:"不似者个。"师云:"既有,为什么不似?"无语。师自①代云:"不见道新罗、大唐?"

【校注】

① "师自"二字,永乐本为双行小字。

493. 问新到:"什么处来?"云:"南方来。"师竖起指,云:"会么?"云:"不会。"师云:"动止万福,不会?"

494. 师行脚时,问大慈:"般若以何为体?"慈云:"般若以何为体?"师便呵呵大笑而出。大慈来日见师扫地次,问:"般若以何为体?"师放下扫帚,呵呵大笑而去。大慈便归方丈。

【校注】

按,《景德传灯录》卷第九《杭州大慈寰中禅师》:"杭州大慈山寰中禅师,蒲圻人也。……赵州问:'般若以何为体?'师云:'般若以何为体。'赵州大笑而出。师明日见赵州扫地,问：'般若以何为体？'赵州置帚，拊掌大笑。师便归方丈。"

《联灯会要》卷七《杭州大慈寰中禅师》亦载之，言辞近似。

495. 师到百丈。百丈问："从什么处来？"云："南泉来。"百①丈云："南泉有何言句示人？"师云："有时道：'未得之人，亦须峭然去。'"百丈叱之，师容愕然。百丈云："大好峭然。"师便作舞而出。

【校注】

① "百"，永乐本无。

按，《建中靖国续灯录》卷二七《拈古门·滁州琅琊惠觉广照禅师四则》，所举公案有云："百丈见赵州来参，百丈云：'甚么处来？'州云：'南泉来。'丈云：'南泉近日有何言句示徒？'州云：'今时人直教悄然云。'百丈云：'悄然且致。茫然一句，作么生道？'州近前三步，百丈咄之。州作缩头势，百丈云：'大好悄然。'赵州拂袖便出去。"

《联灯会要》卷第六《赵州观音从谂禅师》："师到百丈。丈问：'近离甚处？'师云：'南泉。'丈云：'有何言句？'师云：'未得之人，直须悄然去。'丈便喝，师作怕势。丈云：'大好悄然。'师作舞而退。琅琊觉云：'赵州老人向师子窟中换得爪牙。'"

496. 师到投子处，对坐斋。投子将蒸饼与师吃，师云："不吃。"不久下糊饼，投子教沙弥度与师。师接得饼，却礼沙弥三拜。投子默然。

497. 因僧写师真呈师，师云："若似老僧，即打杀我。若不似，即烧却。"

【校注】

此则，永乐本无。

按，《景德传灯录》卷第十赵州本传："有僧写得师真，呈师。师曰：'且道似我？不似我？若似我，即打杀老僧；不似我，即烧却真。'僧无对。玄觉代云：'留取供养。'"

《联灯会要》卷第六《赵州观音从谂禅师》："僧写真呈师，师云：'且道似老僧？不似老僧？若似，即打杀老僧；若不似，即烧却。'僧无对。"

《五灯会元》卷第四《赵州从谂禅师》，几同于《景德传灯录》。

498. 师因与文远行次，乃以手指一片地，云："这里好造一个巡铺子。"文远便去彼中立，云："把将公验来。"师便打一掴。远云："公验分明。过！"

【校注】

按，《联灯会要》卷第六《赵州观音从谂禅师》："师与文远行次，师云：'这里好作个巡铺。'远于路傍立，伸手云：'把将公验来！'师打远一掴。远云：'公验分明。过！'"

《五灯会元》卷第四赵州本传亦收录,唯言辞与底本稍异。

499. 师问新到:"近离甚处?"云:"台山。"师云:"还见文殊也无?"僧展手,师云:"展手颇多,文殊谁睹?"云:"只守气,急杀人。"师云:"不睹云中雁,焉知沙塞寒。"

【校注】

按,《祖堂集》卷第十八《赵州和尚》:"师问僧:'从什么处来?'对云:'从五台山来。'师云:'还见文殊也无?'对云:'文殊则不见,只见一头水牯牛。'师云:'水牯牛还有语也无?'对云:'有。'师曰:'道什么?'对云:'孟春犹寒,伏惟和尚尊体起居万福。'"

500. 问:"远远投师,请师一接。"师云:"孙宾①门下,因什么钻龟?"僧拂袖出去。师云:"将为当荣,折他双足。"

【校注】

① "宾",对校本皆作"膑"。"宾""膑"乃古今字的关系。

501. 师与首座看石桥,乃问首座:"是什么人造?"云:"李膺造。"师云:"造时向什么处下手?"无对①。师云:"寻常说石桥,问着②下手处也不知。"

【校注】

① "无对"前,径山本有一"座"字。

②"着",对校本作"著"。通。

502. 有新罗院主请师斋。师到门首,问:"此是什么院?"云:"新罗院。"师云:"我与你隔海。"

503. 问僧:"什么处来?"云:"云居来。"师云:"云居有什么言句?"云:"有①僧问:'灵②羊挂角时,如何?'云居云:'六六三十六。'"师云:"云居师兄由③在。"僧却问:"未审和尚尊意如何?"师云:"九九八十一。"

【校注】

① "有",底本无。据对校本补。
② "灵",径山本作"羬"。"羬",同"羚"。
③ "由",径山本作"犹"。音同通用。

按,《祖堂集》卷第八《云居和尚》亦有类似记载,然赵州最终回答大异:"云居和尚,嗣洞山。在洪州。……师示众云:'如人将一百贯钱买得猎狗,只解寻得有踪迹底。忽遇灵羊挂角,莫道踪迹,气也不识。'僧便问:'灵羊挂角时,如何?'师云:'六六三十六。'又云:'会么?'对云:'不会。'师云:'不见道无踪迹?'僧举似赵州,赵州云:'云居和尚犹在。'僧便问赵州:'灵羊挂角时,如何?'州云:'六六三十六。'"

《景德传灯录》卷第十七《洪州云居山道膺禅师》则曰:"洪州云居道膺禅师,幽州玉田人也。……僧问:'羚羊挂角时,如何?'师曰:'六六三十六。'又曰:'会么?'僧曰:'不会。'师曰:'不见道无踪迹?'"注文:"有僧举似赵州,赵州云:'云居师兄犹在。'僧乃问:'羚羊挂角时,如何?'赵州云:'六六三十六。'"

《联灯会要》卷二二《洪州云居道膺禅师》,文字又不同:"示众云:'如人将三贯钱买得一只猎狗,只解寻得有踪迹、多气息底,忽遇羚羊挂角时,气息也无。'僧问:'羚羊未挂角时,如何?'师云:'六六三十六。'云:'挂角后,如何?'师云:'六六三十六。'僧作礼。师云:'会么?'云:'不会。'师云:'岂不见道绝踪迹!'僧举似赵州,州云:'云居师兄犹在。'僧却问:'羚羊未挂角时,如何?'州云:'九九八十一。'云:'挂角后如何?'州云:'九九八十一。'"

504. 有一婆子日晚入院来,师云:"作什么?"婆云:"寄宿。"师云:"者里是什么所在?"婆呵呵大笑而去。

505. 师出外,逢见一个婆子提一个篮子。师便问:"什么处去?"云:"偷赵州笋去。"师云:"忽见赵州,又作么生?"婆子近前,打一掌。

【校注】

按,《联灯会要》卷第六《赵州观音从谂禅师》:"师问婆子:'甚么处去?'云:'偷赵州笋去。'师云:'忽遇赵州时,如何?'

婆便掌，师便休。雪窦云：'好掌！更下两掌，也无勘处。'"

《五灯会元》卷第四赵州本传著录，文曰："师问一婆子：'甚么处去？'曰：'偷赵州笋去。'师曰：'忽遇赵州，又作么生？'婆便与一掌，师休去。"

506. 师因见院主送生饭，鸦子见便总飞去。师云："鸦子[①]见你，为什么却飞去？"院主云："怕某[②]甲。"师云："是什么语话？"师代云："为某甲有杀心在。"

【校注】

此则，永乐本无。

[①] "鸦子"后，径山本有一"儿"字。

[②] "某"，底本作"专"，乃形误。据径山本及文义改。

按，《景德传灯录》卷第十赵州本传："师问院主：'什么处来？'对云：'送生来。'师云：'鸦为什么飞去？'院主云：'怕某甲。'师云：'是什么语话！'院主却问：'鸦子为什么却飞去？'师代云：'为某甲有杀心在。'"

《五灯会元》卷第四《赵州从谂禅师》，言句又有不同："问院主：'甚么处来？'主曰：'送生来。'师曰：'鸦为甚么飞去？'主曰：'怕某甲。'师曰：'汝十年知事，作恁么语话？'主却问：'鸦为甚么飞去？'师曰：'院主无杀心。'"

507. 师问僧："什么处来？"云："江西来。"师云："赵州着①在什么处？"僧无对。

【校注】

①"着"，对校本作"著"。通。

508. 师从殿上过，见一僧礼拜，师打一棒。云："礼拜也是好事。"师云："好事不如无。"

【校注】

按，《五灯会元》卷第四赵州本传，称礼拜之僧乃文远："文远侍者在佛殿礼拜次，师见，以拄杖打一下，曰：'作甚么？'者曰：'礼佛。'师曰：'用礼作甚么！'者曰：'礼佛也是好事。'师曰：'好事不如无。'"

509. 师因参潼关，潼关问师云："你还知有潼关么？"师云："知有。"潼关云："有公验者，即得过。无公验者，不得过。"师云："忽遇銮驾来时，如何？"关云："也须检点过。"师①云："你要造反②！"

【校注】

①"师"，底本、对校本皆无。据文义补。
②"反"，永乐本作"返"。

510. 师到宝寿。宝寿见师来，遂乃背面而坐，师便展坐具。宝寿起立，师便出去。

【校注】

按，此则，永乐本无。

《景德传灯录》卷第十赵州本传："又到宝寿。宝寿见来，即于禅床上背面坐。师展坐具礼拜，宝寿下禅床。师便出。"

《景德传灯录》卷第十二《镇州宝寿沼和尚》亦记其事："镇州宝寿沼和尚。……赵州谂和尚来，师在禅床背面而坐。谂展坐具，礼拜，师起入方丈。谂收坐具而出。"

《五灯会元》卷第四《赵州从谂禅师》，近于《景德传灯录》本传。

511. 师在南泉时，泉牵一头水牯牛入僧堂内，巡堂而转。首座乃向牛背上三拍，泉便休去。师后将一束草安首座面前，首座无对。

512. 有秀才见师，乃赞叹师云："和尚是古佛。"师云："秀才是新如来。"

513. 有僧问："如何是涅槃？"师云："我耳重。"僧再问，师云："我不害耳聋。"乃有颂：

　　滕滕大道者，对面涅槃门。但坐念无际，来年春又春。

514. 有僧问："生死二路，是同是别？"师乃有颂：

道人问生死，生死若为论？双林一池水，朗月耀乾坤。
唤他句上识，此是弄精魂。欲会个生死，颠人说梦春。

515. 有僧问："诸佛有难，火焰里藏身。和尚有难，向什么处藏身？"师乃有颂：

渠说佛有难，我说渠有灾。但看我避难，何处有相随？
有无不是说，去来非去来。为你说难法，对面识得未①？

【校注】

① "未"，对校本、《古尊宿语要》、《全唐诗补编》中册《全唐诗续拾》卷第三十《从谂》皆作"来"。作"未"是。

516. 十二时歌：

（1）鸡鸣丑，愁见起来还①漏逗，裙子褊②衫个也无，袈裟形相些些有③。裩无腰④，绔无口，头上青灰三五斗。比望⑤修行利济人，谁知变作⑥不唧溜⑦。

【校注】

① "还"，《联灯会要》卷第三十作"成"。

② "褊"，《禅门诸祖师偈颂》卷上之下作"偏"。

③ "形相"、"有"，《大正新修大藏经》本《佛果圜悟禅师碧岩录》卷四引此首，甲本分别作"影里"、"子"。

④ "腰"，《碧岩录》引此首，作"裆"。

⑤ "比望",底本作"北望";《碧岩录》引用,作"本为"。据对校本及文义改。

⑥ "变作",《碧岩录》引用,作"翻成"。

⑦ "溜",永乐本作"潘",显为形误。

(2) 平旦寅,荒村破院实难论,解斋粥米全无粒,空对闲窗与隙尘。唯雀噪,无人亲,独坐时闻落叶频。谁道出家憎爱断?思量不觉泪沾巾。

(3) 日出卯,清净却翻为烦恼,有为功德被尘幔①,无限田地未曾扫。攒眉多,称心少,叵耐东村黑黄老②,供利不曾将得来,放驴吃我堂前草。

【校注】

① "幔",永乐本作"谩"。《全唐诗补编》中册《全唐诗续拾》卷第三十《从谂》,亦录作"谩"。《联灯会要》卷第三十作"漫"。

② "东村"二字,永乐本为双行小字。"黑黄老",《联灯会要》卷第三十作"黑王老"。

(4) 食时辰,烟火徒劳望四邻,馒头馄子前年别,今日思量空咽津。持念少,嗟叹频,一百家中无善人:来者祇道觅茶吃,不得茶喳①去又嗔。

【校注】

① "噇",《全唐诗补编》录作"童"。

(5) 禺中巳,削发谁知①到如此!无端被请作村僧,屈辱饥凄受欲死。胡张三,黑李四,恭敬不曾生些子,适来忽尔到门头,唯道借茶兼借纸。

【校注】

① "谁知",《联灯会要》卷第三十作"那知"。

(6) 日南午,茶饭轮还①无定度,行却南家到北家,果至北家不推注:苦沙盐,大麦醋,蜀黍②米饭蘁莴苣;唯称"供养不等闲,和尚道心须坚固!"

【校注】

① "轮还",《联灯会要》卷第三十作"轮环"。
② "黍",永乐本作"忝"。形误。

(7) 日昳未,者回①不践光阴地。曾闻一饱忘百饥,今日老僧身便是:不习禅,不论义,铺个破席日里睡。想料上方兜率天,也无如此日炙背!

【校注】

① "者回",《联灯会要》卷第三十作"这回"。

按，天童正觉（1091~1157）《宏智禅师广录》卷四尝引"不习禅"以下，文辞同。

（8）晡时申，也有烧香礼拜人：五个老婆三个瘿，一双面子黑皴皴。油麻茶，实是珍，金刚不用苦张筋；愿我来年蚕麦熟，罗睺罗儿与一文。

（9）日入酉，除却荒凉更何守！云水高流定委无，历寺沙弥镇长有：出格言，不到口，枉续牟尼子孙后。一条拄丈粗梨藜①，不但登山兼打狗。

【校注】

①"丈"，《联灯会要》卷第三十作"杖"。"粗"，底本作"觕"，乃"粗"之分化字。据对校本改。"藜"，《联灯会要》作"梨"。

（10）黄昏戌①，独坐一间空暗室：阳焰灯光永不逢，眼前纯是金州漆；钟不闻，虚度日，唯闻老鼠闹啾唧。凭何更得有心情，思量念个波罗蜜？

【校注】

①"戌"，永乐本作"戍"，误。

(11) 人定亥,门前明月谁人爱？向里唯愁卧去时,勿个衣裳着①甚盖？刘维那,赵五戒,口头说善甚奇怪：任你山僧囊罄空,问著都缘总不会。

【校注】
①"着",径山本作"著"。通。《联灯会要》卷第三十亦作"著"。

(12) 半夜子,心境何曾得暂止！思量天下出家人,似我住持能有几？土榻床,破芦簚,老榆木枕全无被；尊像不烧安息香,灰里唯闻牛粪气。

517. 见起塔,乃有颂：
　　本自圆成,何劳叠石？名邈雕镌,与吾悬隔。若人借问,终不指画。

518. 因见诸方①见解异途,乃有颂②：
　　赵州南,石桥北,观音院里有弥勒。祖师遗下一只履,直到如今觅不得。

【校注】
①"诸方",《全唐诗补编》作"诸书",不知何据。
②"乃有颂"后,底本、永乐本皆有"呵"字。据径山本及文义删。

按，《祖堂集》卷第十八《赵州和尚》："问：'如何是西来意？'师云：'仲冬严寒。'有人举似云居，便问：'只如赵州与么道，意作么生？'居云：'冬天则有，夏月则无。'僧举似师：'只如云居与么道，意作么生？'师因此便造偈曰：'石桥南，赵州北，中有观音有弥勒。祖师留下一只履，直到如今觅不得。'"

又，《全唐诗补编》所录此颂，文字同于《祖堂集》。

519. 因鱼鼓有颂：

四大犹来造化功，有声全贵里头空。莫怪不与凡夫说，只为宫商调不同。

【校注】

按，《五灯会元》卷第四赵州本传著录，言辞稍有不同："师《鱼鼓颂》曰：'四大由来造化功，有声全贵里头空。莫嫌不与凡夫说，只为宫商调不同。'"

520. 因莲花，有颂：

奇异根苗带雪鲜，不知何代别西天。淤泥深浅人不识，出水方知是白莲。

补 遗

椑树和尚,嗣药山。未睹实录,不决化缘终始。……师扫地次,赵州问:"般若以何为体?"师曰:"只与么去。"赵州第二日见师扫地,依前与么问。师曰:"借这个问阇梨,还得也无?"赵州曰:"便请。"师便问,赵州拍掌而去。

(《祖堂集》卷第五《椑树和尚》)

投子和尚,嗣翠微。在舒州桐城县。师讳大同,舒州怀宁县人也。……赵州到投子。山下有铺,向人问:"投子那("哪"之古体)里?"俗人对曰:"问作什么?"赵州云:"久向和尚,欲得礼谒。"俗曰:"近则近,不用上山。明日早朝来乞钱,待他相见。"赵州云:"若与么,和尚来时莫向他说纳("衲"之误)僧在里。"俗人唱喏。师果然是下来乞钱,赵州便出来把驻("住"之误),云:"久向投子,莫只这个便是也无?"师才闻此语,便侧身退。师又拈起笊篱,云:"乞取盐钱些子。"赵州走入里头,师便归山。

赵州落后,到投子,便问:"死中得活时,如何?"师云:"不许夜行,投明须到。"赵州便下来,一直走。师教沙弥:

"你去问他,我意作么生?"沙弥便去唤赵州。赵州回头,沙弥便问:"和尚与么道,意作么生?"赵州云:"遇著个太伯。"沙弥归,举似师,师(此"师"字原无)便大笑。有僧举似雪峰,便问:"只如古人与么道,意作么生?"雪峰曰:"将为我胡伯,更有胡伯在。"僧问黄龙:"古人道'不许夜行,投明须到',意作么生?"黄龙曰:"嚼饭喂鲁伯。"……

(《祖堂集》卷第六《投子和尚》)

按,《景德传灯录》卷第十五《舒州投子山大同禅师》:"舒州投子山大同禅师……归旋故土,隐投子山,结茅而居。一日,赵州谂和尚至桐城县。师亦出山,途中相遇,未相识。赵州潜问俗士,知是投子,乃逆而问曰:'莫是投子山主么?'师曰:'茶盐钱乞一个。'赵州即先到庵中坐,师后携一瓶油归庵。赵州曰:'久向投子,到来只见个卖油翁。'师曰:'汝只见卖油翁,且不识投子。'曰:'如何是投子?'师曰:'油!油!'

赵州问:'死中得活时,如何?'师曰:'不许夜行,投明须到。'赵州曰:'我早侯白,伊更侯黑。'"

下又有注文云:"同、谂二师互相问酬(当为"酬"之音误),广如本集。其辞句简捷,意趣玄险,诸方谓赵州、投子得逸群之用。"

《联灯会要》卷第二一《舒州投子大同禅师》,略同于《景德传灯录》:"师在桐城县,因赵州问:'莫是投子庵主么?'师云:'茶盐钱布施我来!'州先归庵,见师自携油归，州云：'久响投子，到来只见个卖油翁。'师云：'你只见卖油翁，且不见投子。'州云：'如何是投子？'师提起瓶，云：'油！油！'赵州问：'死中得活时，如何？'师云：'不许夜行，投明须到。'州云：'我早喉（"候"之音误。下同）白，你更喉黑。'"

《古尊宿语录》卷第三十六《投子和尚语录》亦见，惟文则为："赵州和尚出桐城，路见师，乃问云：'莫是投子庵主么？'师云：'茶盐钱布施我。'赵州先归庵内坐，师后携一瓶油归。赵州云：'久向投子，到来只见个卖油翁。'师云：'汝只识卖油翁，不识投子。'赵州云：'如何是投子？'师拈起油瓶，云：'油！油！'"

保福和尚，嗣雪峰。在漳州。……因举："南泉云：'文殊、普贤昨夜三更各打与二十棒，一时趁出院。'赵州云：'和尚棒教什么人吃？'"师代云："不得不道。"

（《祖堂集》卷第十一《保福和尚》）

按，《祖堂集》卷第十六《南泉和尚》："……师又时曰：'若是文殊、普贤，昨夜三更各打二十棒，趁出院了也。'赵州对云：'和尚合吃多少棒？'师云：'王老师有什摩罪过？'赵州礼拜出去。"

《景德传灯录》卷第八《池州南泉普愿禅师》，文又稍异："池州南泉普愿禅师者……师有时云：'文殊、普贤，昨夜三更每人与二十棒，趁出院也。'赵州云：'和尚棒教谁吃?'师云:'且道王老师过在什么处?'赵州礼拜而出。"

《联灯会要》卷第四《池州南泉普愿禅师》则曰,文殊、普贤先自相殴:"示众云:'文殊、普贤昨夜三更相打,每人与二十棒,趁出院了也。'赵州出众,云:'和尚棒教谁吃?'师云:'王老师过在甚么处?'州便作礼。云门代云:'深领和尚慈悲,某甲归衣钵下得个安乐。'又代云:'为众除害。'"

杉山和尚,嗣马大师。在池州。……师与南泉向火次,南泉问师:"不用指东指西,本么(疑乃"末"之音误)事直下道将来!"师便把火箸放下,南泉云:"饶你与么,犹较王老师一线道。"南泉又问赵州,赵州以手作圆相,中心一点。泉云:"饶你与么,犹较王老师一线道。"云门闻举,云:"南泉只是步步登高,不解空里放下。"

(《祖堂集》卷第十四《杉山和尚》)

按,《联灯会要》卷第四《池州南泉普愿禅师》:"师与杉山向火次,师云:'不用指东画西,本分事直下道将来。'杉以火箸插向炉内。师云:'直饶如是,犹较王老师一线道。'又问赵州,州划一圆相,于相中著一点。师云:'直饶恁么,犹较王老师一线道。'"

南泉和尚,嗣马大师。在池州。……师谓赵州云:"江西马大师道即心即佛,老僧这里则不与么道。不是心,不是佛,不是物;与么道,还有过也无?"赵州礼拜出去。

(《祖堂集》卷第十六《南泉和尚》)

《景德传灯录》南泉本传,文有异:"师有时云:'江西马祖说即心即佛,王老师不恁么道。不是心,不是佛,不是物——怎么道,还有过么?'赵州礼拜而出。时有一僧随问赵州云:'上座礼拜了便出,意作么生?'赵州云:'汝却问取和尚。'僧上问曰:'适来谂上座意作么生?'师云:'他却领得老僧意旨。'"

《联灯会要》卷第四《池州南泉普愿禅师》,亦未谓南泉专对赵州语此也:"示众云:'江西马大师说"即心即佛",王老师不恁么。"不是心,不是佛,不是物。"怎么道,还有过也无?'时赵州出作礼,师便下座。妙喜颂云:'倒腹倾肠说向君,不知何故尚沈吟。如今便好猛提取,付与世间无事人。'后有僧问赵州:'上座礼拜了去,意作么生?'州云:'你去问取和尚。'僧问师,师云:'他却领得老僧意。'"

南泉山下有僧住庵。有人向他道:"此间有南泉近日出世,何不往彼中礼拜去?"僧云:"任你千圣现,我终不疑得。"有僧举似师,师令赵州看他。赵州到庵,便礼拜;起来,从东边过西边立,从西边过东边立。此僧总不动。赵州又拨破帘,其僧亦不动。赵州归,举似师,师云:"我从来疑他。"……

（《祖堂集》卷第十六《南泉和尚》）

《联灯会要》卷第四《池州南泉普愿禅师》："有一庵主，人谓之曰：'南泉近日出世，何不去礼拜？'主云：'非但南泉，直饶千佛出兴，亦不去。'师闻，令赵州往勘之。州才见庵主，便作礼，主不顾。州从西过东，从东过西而立，主亦不顾。州云：'草贼大败！'拽下帘子便行。举似师，师云：'我从来疑著这汉。'雪窦云：'大小南泉、赵州，被个担板汉勘破。'"

《古尊宿语录》卷第十二《池州南泉普愿禅师语要》："有一庵主，人谓之曰：'南泉近日出世，何不去礼拜？'主云：'非但南泉，直饶千佛出兴，亦不去。'师闻，令赵州往勘之。州才见庵主，便作礼，主不顾。州从西过东、从东过西而立，主亦不顾。州云：'草贼大败。'拽下帘子便行。举似师，师云：'我从来疑著这汉。'"

宋绍昙成书于理宗宝祐二年（1254）的《五家正宗赞》卷第一《南泉普愿禅师》则云："山下有一庵主，人谓曰：'近日南泉和尚出世，何不去礼拜？'曰：'非但南泉出世，直饶千佛出兴，我亦不去。'师闻，乃令赵州去勘。州去，便设礼，主不顾。州从西过东，从东过西，主亦不顾。州曰：'草贼大败！'遂拽下帘子便归。举似师，师曰：'我从来疑著者汉。'"

有讲经论大德来参师，师问："教中以何为体？"对云："如如为体。"师云："以何为极则？"对云："法身为极则。"师云："实也无？"对云："实也。"师云："唤作如如，早是变也，作么生是体？"大德无对。因此索上堂，云："今时学士，类尚辩（通"辨"。下同）不得，岂弁（"辨"之音误。下同）得类中异？类中异尚弁不得，作么生辩得异中异？唤作如如，早是变也。直须向异类中行。"赵州和尚上堂，举者个因缘，云："这个是先师勘茱萸师兄因缘也。"有人便问："如何是异中异？"赵州云："直得不被（"披"之古体）毛，不戴角，又勿交涉。"

（《祖堂集》卷第十六《南泉和尚》）

赵州和尚，嗣南泉，在北地。……问："学人拟作佛去时，如何？"师云："费心力。"僧云："不费心力时，如何？"师云："作佛去。"……

问："第一座堂中，还有祖父么？"对云："有。"师云："唤来与老僧洗脚。"……

师问座主："又蕴什么业？"对云："《涅槃经》。"师问座主："一段义得不？"对云："得。"师以脚剔（"踢"之误）空中，口吹却，问："这个是《涅槃经》中义不？"云："是。"师云："会么？"云（据文义补"云"字）："不会。"师云："这个是五百力士结成之义。"……

（《祖堂集》卷第十八《赵州和尚》）

《景德传灯录》卷第十《赵州东院从谂禅师》："师问一座主：'讲什么经？'对云：'讲《涅槃经》。'师云：'问一段义，得否？'云：'得。'师以脚踢空，吹一吹，云：'是什么义？'座主云：'经中无此义。'师云：'五百力士揭石义，便道无？'"

《联灯会要》卷第六《赵州观音从谂禅师》："师问座主：'讲甚么经？'云：'《涅槃经》。'师云：'问大德一段义，得么？'主云：'问甚么义？'师以脚踢空，吹一吹，云：'是甚么义？'主云：'经中无此义。'师云：'脱空谩语汉！此是五百力士揭石义。'有老宿代云：'和尚谩某甲？谩大众？'雪窦云：'和尚惯得其便。'"

宋无准师范（1178~1299）《佛鉴禅师语录》卷四，误为睦州之因缘："睦州问一座主：'讲什么经？'主云：'《涅槃经》。'州云：'问一段义，得么？'主云：'问什么义？'州遂踢一踢，吹一吹，云：'此是什么义？'主云：'经中无此义。'州云：'脱空漫话汉！此是五百力士揭石义。'主无语。"

问："离教请师决。"师云："与么人则得。"僧才礼拜，师云："好问！好问！"僧云："咨和尚。"师云："今日不答话。"……

问："如何是本分事？"师指学人，云："是你本分事。"僧云："如何是和尚本分事？"师云："是我本分事。"……

问："如何是密室中人?"师展手,云："茶盐钱布施。"有人问云居："赵州与么道,意作么生?"云居云："八十老公出场屋。"……

镇州大王请师上堂。师升座,便念经。有人问："请和尚上堂,因什么念经?"师云："佛弟子念经,不得么?"

又别时上堂,师念《心经》。有人云："念经作什么?"师云："赖得阇梨道念经。老僧洎忘却。"……

问："如何是玄中一句?"师云："不是'如是我闻……'"……

师问僧："你在这里得几年?"对云："五六年。"师云："还见老僧也无?"对云："见。"师云："见何似生?"对云："似一头驴。"师云："什么处见似一头驴?"对云："入法界见。"师云："去!未见老僧在!"有人举似洞山,洞山代云:"吃水吃草。"……

师问僧："从什么处来?"对云："从五台山来。"师云："还见文殊也无?"对云："文殊则不见,只见一头水牯牛。"师云："水牯牛还有语也无?"对云："有。"师曰："道什么?"对云："孟春犹寒,伏惟和尚尊体起居万福。"

古时有官长教僧拜,马祖下朗瑞和尚不肯拜,官长便嗔,当时打杀。有人问师："瑞和尚为什么却被打杀?"师云："为伊惜命。"龙花拈问僧："惜个什么命?"无对。龙花代云："嗔我不得。"问："正与么时,作么生?"师云："生公忍死十年,老僧一时不可过。"

师唤沙弥,沙弥应喏。师云："煎茶来。"沙弥云："不辞煎茶与什么人吃？"师便动口。沙弥云："大难得吃茶。"有人拈问漳南："又须教伊煎茶，又须得吃茶，合作么生道？"保福云："虽然如此，何不学观音？"……

院主请上堂，师升座唱如来梵。院主云："比来请上堂——这个是如来梵。"师云："佛弟子唱如来梵，不得么？"

问："开口是一句，如何是半句？"师便开口。

三峰见师，云："上座何不住去？"师云："什么处住好？"三峰指面前山，师云："此是和尚住处。"

师为沙弥，扶南泉上胡梯。问："古人以三道宝阶接人，未审和尚如何接？"南泉乃登梯，云："一！二！三！四！五！"师举似师伯，师伯云："汝还会么？"师云："不会。"师伯云："七！八！九！十！"

南泉指铜瓶，问僧："汝道内净？外净？"僧云："内、外俱净。"却问师，师便剔（"踢"之误）却。"

（《祖堂集》卷第十八《赵州和尚》）

释从谂，青州临淄人也。……以真定帅王氏阻兵，封疆多梗，朝廷患之。王氏抗拒过制，而偏归心于谂。谂尝寄尘拂上王氏，曰："王若问'何处得此拂子'，答道'老僧平生用不尽者物'。"

（《宋高僧传》卷第十一《唐赵州东院从谂传》）

按，此则化语，最早见于《赵州真际禅师行状》。请参见本书附编之一。

《景德传灯录》卷第十《赵州东院从谂禅师》："师寄拂子与王公,曰:'若问何处得来,但道"老僧平生用不尽者。"'"

《联灯会要》卷第六《赵州观音从谂禅师》："师将示寂,寄拂子与真定帅王公,谓僧云:'若问何处得来,但道"老僧平生用不尽底"。'"

《五灯会元》卷第四《赵州从谂禅师》,近于《景德传灯录》。

僧问赵州:"国师唤侍者,意作么生?"赵州云:"如人暗里书字,字虽不成,文彩已彰。"

(福州东禅寺版《景德传灯录》卷第五《西京光宅寺慧忠国师》:"一日唤侍者,侍者应喏。如是三召,皆应喏。师曰:'将谓吾辜负汝,却是汝辜负吾。'"其下即是此注文)

按,《联灯会要》卷第三《西京光宅寺惠忠国师》,辞稍异:"师一日唤侍者,者应喏。如是三唤,侍者三应。师云:'将谓吾辜负汝,谁知汝辜负吾!'"注文曰:"赵州云:'如人暗中书字,字虽不成,文彩已彰。'"

"池州南泉普愿禅师者……师示众云:'王老师要卖身,阿谁要买?'一僧出云:'某甲买。'师云:'他不作贵价,不作贱价,汝作么生买?'僧无对。"注文有曰:"赵州代云:

'明年来，与和尚缝个布衫。'"……

（《景德传灯录》卷第八《池州南泉普愿禅师》）

按，《联灯会要》卷第四《池州南泉普愿禅师》："示众云：'王老师卖身去也，还有人买么？'时有僧出众，云：'某甲买。'师云：'不作贵，不作贱，你作么生买？'僧无对。"双行夹注有曰："赵州云：'来年与和尚作领布衫。'"

宋僧绍昙《五家正宗赞》卷第一《南泉愿禅师》录南泉此语，然无注文。

浮杯和尚。有凌行婆来礼拜师，师与坐吃茶。行婆乃问云："尽力道不得底句，还分付阿谁？"师云："浮杯无剩语。"婆云："某甲不恁么道。"师遂举前语问婆，婆敛手哭云："苍天！中间更添冤苦。"师无语。婆云："语不知偏正，理不识倒邪，为人即祸生也。"

后有僧举似南泉，南泉云："苦哉！浮杯被老婆摧折。"婆后闻南泉恁道，笑云："王老师犹少机关在。"有幽州澄一禅客，逢见行婆，乃问云："怎生南泉恁道，由（通"犹"）少机关在？"婆乃哭云："可悲可痛！"禅客罔措。婆乃问云："会么？"禅客合掌而退。婆云："伎死禅和，如麻似粟。"

后澄一禅客举似赵州，赵州云："我若见这臭老婆，问教口哑却。"澄一问赵州云："未审和尚怎生问他？"赵州以棒打，云："似这个伎死汉，不打待几时！"连打数棒。婆又闻赵州恁道，云："赵州自合吃婆手里棒。"后僧举似赵州，赵州哭云:"可悲可痛!"婆闻赵州此语,合掌叹云:"赵州眼放光明,照破四天下也。"后赵州教僧去问婆云:"怎生是赵州眼?"婆乃竖起拳头。赵州闻,乃作一颂送凌行婆,云:"当机直面提,直面当机疾。报你凌行婆,哭声何得失!"婆以颂答赵州云:"哭声师已晓,已晓复谁知。当时摩竭国,几丧目前机。"

(《景德传灯录》卷第八《浮杯和尚》)

《全唐诗补编》中册《全唐诗续拾》卷第三十《从谂》据《景德传灯录》录文,赵州所作颂"报你"为"报尔";凌行婆答颂,"摩竭国"作"魔竭国"。

《联灯会要》卷第五《浮杯和尚》:"浮杯和尚。凌行婆问:'尽力道不得底句,分付阿谁?'师云:'浮杯无剩语。'婆云:'未到浮杯,不妨疑著。'师云:'别有长处,不妨拈出。'婆敛手哭云:'苍天!中更添冤苦。'师无语。婆云:'语不知偏正,理不知倒邪,为人即祸生。'后有僧举似南泉,泉云:'苦哉!苦哉!浮杯被这老婆折挫一上。'婆闻,笑云:'王老师犹少机关在。'时有澄一禅客问婆云:'南泉为甚么少机关在?'婆哭云:'可悲!可痛!'一罔措。婆云:'会么?'一合掌而立。婆云:'伎(当作"伎"。下同)死禅和!如麻似粟。'后澄一举似赵州,州云:'我若见这臭老婆,问教他口哑。'一云:'和尚作么生问他?'州便打。一云:'为甚么却打某甲?'州云:'你这伎死禅和!不打更待何时?'婆闻,乃云:'赵州合吃婆手中棒。'州闻,乃哭云:'可悲!可痛!'

婆闻，乃云：'赵州眼光烁破四天下。'州闻，令人问婆云：'如何是赵州眼？'婆竖起拳。僧举似赵州，州作颂寄之，云：'当机觌面提，觌面当机疾。报汝凌行婆，哭声何得失！'婆答颂云：'哭声师已晓，已晓复谁知！当时摩竭国，几丧目前机。'"

《五灯会元》卷第三《浮杯和尚》亦著录，然辞又略异于底本，而与《联灯会要》类似。如："婆云：'某甲不恁么道。'师遂举前语问婆"，作"婆曰：'未到浮杯，不妨疑着。'师曰：'别有长处，不妨拈出。'"赵州作颂中之"直面"作"觌面"。

赵州观音院亦曰东院从谂禅师，曹州郝乡人也。……便抵池阳参。南泉偃息而问曰："近离什么处？"师曰："近离瑞像。"曰："还见立瑞像么？"师曰："不见立瑞像，只见卧如来。"曰："汝是有主沙弥？无主沙弥？"师曰："有主沙弥。"曰："主在什么处？"师曰："仲冬严寒，伏惟和尚尊体万福。"……

（《景德传灯录》卷第十《赵州东院从谂禅师》）

按，此则最早见于《赵州真际禅师行状》（请参见本书附编之一）。

《联灯会要》卷第六《赵州观音从谂禅师》："赵州观音从谂禅师。曹州郝氏子。初谒南泉，值泉偃息次，泉问：'近离甚处？'师云：'瑞像。'泉云：'还见瑞像么？'师云：'瑞像即不见，只见卧如来。'泉遂起，问：

'你是有主沙弥？无主沙弥？'师云：'有主。'泉云：'那个是你主？'师云：'孟春犹寒，伏惟和尚尊体起居万福。'泉唤维那，云：'此沙弥别处安排著。'"

《五灯会元》卷第四《赵州从谂禅师》："……参南泉。值泉偃息而问曰：'近离甚处？'师曰：'瑞像。'泉曰：'还见瑞像么？'师曰：'不见瑞像，只见卧如来。'泉便起坐，问：'汝是有主沙弥？无主沙弥？'师曰：'有主沙弥。'泉曰：'那个是你主？'师近前躬身，曰：'仲冬严寒，伏惟和尚尊候万福。'……"

又到黄檗。黄檗见来，便闭方丈门。师乃把火于法堂内，叫云："救火！救火！"黄檗开门捉住，云："道！道！"师云："贼过后张弓。"……

（《景德传灯录》卷第十《赵州东院从谂禅师》）

按，《联灯会要》卷第六《赵州观音从谂禅师》："师到黄檗。檗见来，闭却方丈门。师于法堂上叫云：'救火！救火！'檗开门拦胸扭住，云：'道！道！'师云：'贼过后张弓。'雪窦云：'直是好笑！笑须三十年。忽有个衲僧问雪窦笑个甚么，笑贼过后张弓。'"

《五灯会元》卷第四《赵州从谂禅师》，言辞近于《景德传灯录》。

《五家正宗赞》卷第一《赵州真际禅师》，约同于《景德传灯录》。

师将游五台山次,有大德作偈留云:"何处青山不道场,何须策杖礼清凉!云中纵有金毛现,正眼观时非吉祥。"师云:"作么生是正眼?"大德无对。法眼代云:"请上座领某甲卑情。"同安显代云:"是上座眼。"……

(《景德传灯录》卷第十《赵州东院从谂禅师》)

按,《联灯会要》卷第六《赵州观音从谂禅师》:"师欲游五台。有老宿作偈相留,云:'何处青山不道场,何须策杖礼清凉!云中纵有金毛现,正眼看来非吉祥。'师云:'作么生是正眼?'宿无对。"

《佛鉴禅师语录》卷第四:"赵州到一乡院。经旬,辞院主,游五台山。主有颂送之。师云:'可惜院主开口了,合不得。若是径山,待他问如何是正眼,拦腮便掴,教这老汉知道草窠里也有大虫!'"

《五灯会元》卷第四《赵州从谂禅师》亦载末一则,言辞稍异。如,"何处青山",作"无处青山";最后一"大德",略称"德"。

"何处青山不道场"云云,《石仓历代诗选》卷一一一误作从谂诗。

又僧问:"清净伽蓝,为什么有尘?"师曰:"又一点也。"……

师院有石幢子被风吹折。僧问:"陀罗尼幢子作凡去?作圣去?"师云:"也不作凡,亦不作圣。"僧云:"毕竟作什么?"师云:"落地去也。"

（《景德传灯录》卷第十《赵州东院从谂禅师》）

按,《五灯会元》卷第四《赵州从谂禅师》,略同。

僧问:"如何是囊中宝?"师云:"合取口。"法灯别云:"莫说似人。"

（《景德传灯录》卷第四《赵州东院从谂禅师》）

按,《五灯会元》卷第四《赵州从谂禅师》,近似。

有新到僧,谓师曰:"某甲从长安来,横担一条拄杖,不曾拨著一人。"师曰:"自是大德拄杖短。"同安显别云:"老僧这里不曾见恁么人。"僧无对。法眼代云:"呵呵。"同安显代云:"也不短。"……

（《景德传灯录》卷第十《赵州东院从谂禅师》）

按,《五灯会元》卷第四《赵州从谂禅师》,大致无别。

僧问:"如何是佛?"师云:"殿里底。"僧云:"殿里者岂不是泥龛塑像?"师云:"是。"僧云:"如何是佛?"师云:"殿里底。"……

（《景德传灯录》卷第十《赵州东院从谂禅师》）

按,《联灯会要》卷第六《赵州观音从谂禅师》:"僧问:'如何是佛?'师云:'殿里底。'云:'殿里底岂不是泥龛塑像?'师云:'是。'云:'如何是佛?'师云:'殿里底。'"

《五灯会元》卷第四《赵州从谂禅师》,略同于《景德传灯录》。

师托起钵,云:"三十年后若见老僧,留取供养。若不见,即扑破。"一僧出云:"三十年后,敢道见和尚?"师乃扑破。……

(《景德传灯录》卷第十《赵州东院从谂禅师》)

《五灯会元》卷第四《赵州从谂禅师》,言辞略同。然"托起"作"拈起";"一僧出"作"别僧"。

"洛京嵩山和尚。……日子和尚亚溪来参,师作起势。亚溪曰:'这老山鬼!犹见某甲在。'师曰:'罪过!罪过!适来失祇对。'亚溪欲进语,师乃叱之。亚溪曰:'大阵前,不妨难御。'师曰:'是。是。'亚溪曰:'不是。不是。'"注文:"赵州云:'可怜两个汉,不识转身句。'"

(《景德传灯录》卷第十《洛京嵩山和尚》)

按,《联灯会要》卷第六《日子和尚》亦载:"日子和尚。亚溪来,师作起势。溪云:'这山鬼精!犹见我在。'师云:'罪过!罪过!适来失祇对。'溪拟进语,师叱之。溪云:'大阵前,不妨难御。'师云:'是!是!'云:'不是!不是!'"双行小注:"赵州云:'可怜两个汉,不识转身句。'"

故赵州曰:"一切但仍旧。从上诸圣,无不从仍旧中得。"

（宋代僧人惠洪〈1071~1128〉撰《林间录》，卷上有云："石头大师作《参同契》，其末曰：'谨白参玄人，光阴莫虚度。'法眼禅师注曰：'住！住！恩大难酬。'法眼可谓见先德之心矣。众生日用以妄想颠倒自蔽光明，故多违时失候，谓之虚度光阴。有道者无他，能善用其心耳。"其下即引赵州此语。）

南泉和尚有书与茱萸和尚，书中云："理随事变，宽廓非外；事从理变，寂廖非内。"茱萸看了，呈起问大众云："谁能与山僧作得回书？"乃有僧问："如何是宽廓非外？"茱萸云："问一答百，也无妨。"僧曰："如何是寂廖非内？"茱萸云："睹对颜色，不好手。"僧又问长沙和尚："如何是宽廓非外？"长沙闭目良久。僧曰："如何是寂廖非内？"长沙开目视之。僧又问赵州和尚："如何是宽廓非外？"州作吃饭势。僧问："如何是寂廖非内？"州作拭口势。僧便举似南泉，泉云："此三人，不谬为吾嫡子。"

（《建中靖国续灯录》卷第二十七《拈古门·婺州承天简禅师五则》之一，所拈古话头）

按，《古尊宿语录》卷第十二《池州南泉普愿禅师语要》："师讳普愿，郑州王氏子也。……师寄书与茱萸云：'理随事变，宽廓非外；事得理融，寂寥非内。'僧问茱萸：'如何是宽廓非外？'茱萸云：'问一答百也无妨。'云：'如何是寂寥非内？'萸云：'睹对声色，不是好手。'

又问赵州,州作吃饭势。僧进后语,州作拭口势。又问长沙岑,岑瞪目视之。僧进后语,岑闭目示之。僧举似师,师云:'此三人,不谬为吾弟子。'"

《联灯会要》卷第四《池州南泉普愿禅师》亦载,语稍异:"师寄书与茱萸,云:'理随事变,宽廓非外;事得理融,寂廖非内。'僧问茱萸:'如何是宽廓非外?'茱萸云:'问一答百也无妨。'云:'如何是寂廖非内?'萸云:'睹对声色,不是好手。'又问赵州,州作吃饭势。僧进后语,州作拭口势。又问长沙岑,岑瞪目视之。僧进后语,岑闭目示之。僧举似师,师云:'此三人,不谬为吾弟子。'"

……(赵州和尚)问:"出门不见佛时,如何?"师云:"佛你(疑乃"尔"之误)。"

(《古尊宿语录》卷第三十六《投子和尚语录》)

僧问赵州:"如何是祖师西来意?"州云:"年尽不烧钱。"

(天童正觉〈1091~1157〉《宏智禅师广录》卷第四,宏智上堂所举)

昔有一婆子施财,请赵州和尚转大藏经。赵州下禅床绕一匝,云:"转藏已毕。"人回举似婆子,婆云:"比来请转一藏,如何和尚只转半藏?"

(普觉〈1089~1163〉《大慧普觉禅师语录》卷第九,普觉所举话头)

按,《五灯会元》卷第四《赵州从谂禅师》:"有一婆子令人送钱,请转藏经。师受施利了,却下禅床转一匝,乃曰:'传语婆,转藏经已竟。'其人回举似婆,婆曰:'比来请转全藏,如何只为转半藏?'玄觉云:'甚么处是欠半藏处?且道那婆子具甚么眼,便与么道?'……"

南泉道:"我十八上便解作活计。"赵州道:"我十八上便会破家散宅。"
(《联灯会要》卷第十二《潭州神鼎鸿湮禅师》,鸿湮示众所举)

按,《联灯会要》卷第十六《福州普贤元素禅师》:"示众云:南泉道:'我十八上便解作活计。'囊无系蚁之丝,厨乏聚绳(当作"蝇")之糁。赵州道:'我十八上便解破家散宅。'南头卖贱,此头卖贵,捡点将来,好与三十棒。何故?曾为宕子偏怜客,自爱贪杯惜醉人。"

又,卷第十七《明州阿育王山端裕禅师》,端裕示众亦援:"南泉道:'老僧十八上便解作活计。'赵州道:'我十八上便解破家散宅。'"

赵州问僧:"甚处去?"云:"摘茶去。"州云:"闲。"
(《联灯会要》卷第十四《潭州云盖守智禅师》,守智示众举此话后,复评曰:"道著不著,何处摸索?背后龙鳞,面前驴脚,飞身筋斗,孤云野鹤。阿呵呵!")

按,《五家语录》卷第三《韶州云门匡真文偃禅师》:"举:赵州问僧:'什么处去?'僧云:'摘茶去。'师云:'闭口。'"

师访道吾。吾见来,著豹皮裩,把桔撩棒于三门外等候。才见师来,便高声唱喏而立。师云:"小心祗候著。"吾又唱喏一声而去。

(《联灯会要》卷第六《赵州观音从谂禅师》)

按,宋无准师范(1178~1249)《佛鉴禅师语录》卷第四:"赵州访道吾。吾著豹皮裩,三门外立。师云:'诸人还会么?奴见婢殷勤。'"

师到保寿。寿见来,便背面而坐。师展坐具,寿便起,归方丈。师收坐具,便下去。保福展云:"保寿忘头失尾,赵州平地吃交。"

(《联灯会要》卷第六《赵州观音从谂禅师》)

有一老宿问师:"近离甚处?"师云:"滑州。"宿云:"几程到?"师云:"一跶到。"宿云:"好个捷疾鬼!"师云:"万福,大王!"宿云:"参堂去。"师云:"喏!喏!"

(《联灯会要》卷第六《赵州观音从谂禅师》)

按,《五灯会元》卷第四《赵州从谂禅师》:"师因老宿问:'近离甚处?'曰:'滑州。'宿曰:'几程到这里?'师曰:'一踜到。'宿曰:'好个捷疾鬼!'师曰:'万福,大王!'宿曰:'参堂去。'师应喏。……"

师一日于雪中倒,叫云:"相救!相救!"时有一僧却去师边卧,师便起去。翠岩芝云:"这僧在赵州绻里,还有人出得么?"
(《联灯会要》卷第六《赵州观音从谂禅师》)

按,《佛鉴禅师语录》卷第四:"赵州一日向雪中卧,乃叫云:'相救!相救!'时有僧便来赵州身边卧,州便起去。"

《五灯会元》卷第四《赵州从谂禅师》:"赵州观音院亦曰东院从谂禅师,曹州郝乡人也。……师一日于雪中卧,曰:'相救!相救!'有僧便去身边卧,师便起去。……"

师在僧堂后逢一僧,师问云:"大众向甚么处去?"云:"普请去。"师袖中取刀度与僧,云:"老僧住持事繁,请上座为我斫倒却。"乃引颈向前。其僧便走。
(《联灯会要》卷第六《赵州观音从谂禅师》)

僧问:"言诠不到处,请师直道。"师云:"老僧耳背多时。"僧绕绳床一匝,云:"请师直道。"师亦绕绳床一匝,云:"百千诸佛,皆从此门而入。"僧云:"如何是百千三昧门?"师便打。

(《联灯会要》卷第六《赵州观音从谂禅师》）

僧问："如何是佛法大意？"师云："猫儿是一百五十文买。"云："我不问猫儿。如何是佛法大意？"师云："这橐子是大王送来。"云："谢师答话。"师云："作家师僧，天然有在。"
(《联灯会要》卷第六《赵州观音从谂禅师》）

僧问赵州："如何是不迁义？"州以手作流水势。其僧有省。
(《联灯会要》卷第十六《建康府蒋山慧勤禅师》，慧勤示众所举。）

僧问："古涧寒泉时，如何？"师云："瞪目不见底。"云："饮者如何？"师云："不从口入。"僧后举以（"似"之误）赵州，州云："既不从口入，不可从鼻孔里入。"僧却理前问，州云："苦。"僧进后语，州云："死。"师闻，遥望作礼云："赵州古佛。"从此不答话。

(《联灯会要》卷第二一《福州雪峰义存禅师》）

按，请参《赵州录》第 512 则、《赵州真际禅师行状》。

《五家正宗赞》卷第一《赵州真际禅师》："僧问雪峰：'古涧寒泉时，如何？'峰曰：'瞪目不见底。'曰：'饮者如何？'曰：'不从口入。'师闻，曰：'不可从鼻孔里入。'僧便问：'古涧寒泉时，如何？'师曰：'苦。'曰：'饮者如何？'曰：'死。'僧举似雪峰，峰遥望作礼，曰:'赵州古佛。'从此不答话。"

昔有一婆,入赵州僧堂,云:"这一堂师僧,总是婆生。只有大底孩儿,五逆不孝。"州才顾视,婆便出去。
(《联灯会要》卷第二十九《亡名尊宿》)

问僧:"一日看多少经?"曰:"或七八,或十卷。"师曰:"阇梨不会看经。"曰:"和尚一日看多少?"师曰:"老僧一日祇看一字。"……

僧问:"如何是古佛心?"师曰:"三个婆子排班拜。"问:"如何是不迁义?"师曰:"一个野雀儿,从东飞过西。"……

问:"如何是毗卢师?"师便起立。僧曰:"如何是法身主?"师便坐。僧礼拜,师曰:"且道坐者是?立者是?"……
(《五灯会元》卷第四《赵州从谂禅师》)

僧问赵州:"如何是妙峰顶?"赵州云:"不答你这话。"僧云:"为什么不答?"赵州云:"我若答,落在平地。"
(明代语风圆信、郭凝之共编《五家语录》卷第三《韶州云门匡真文偃禅师》,文偃〈864~949〉所举话头有此。)

附编之一

传记序赞等

一、赵州真际禅师行状

师即南泉门人也。俗姓郝氏,本曹州郝乡人也,讳从谂。镇府有塔记云,师得七百甲子欤。

值武王微沐,避地岨崃,木食草衣,僧仪不易。

师初随本师行脚。到南泉,本师先人事了,师方乃人事。南泉在方丈内卧次,见师来参,便问:"近离什么处?"师云:"瑞像院。"泉云:"还见瑞像么?"师云:"瑞像即不见,即见卧如来。"南泉乃起,问:"你是有主沙弥?无主沙弥?"师对云:"有主沙弥。"泉云:"那个是你主?"师云:"孟春犹寒,伏惟和尚尊体起居万福。"泉乃唤维那,云:"此沙弥别处安排。"

师受戒后,闻受业师在曹州西住护国院,乃归院省觐。到后,本师令郝氏云:"君家之子游方已回。"其家亲属忻怪不已,只候来日,咸往观焉。师闻之,乃云:"俗尘爱网,无有了期。已辞出家,不愿再见。"乃于是夜,结束前迈。其后,自携瓶锡,遍历诸方。常自谓曰:"七岁童儿胜我者,我即问伊。百岁老翁不及我者，我即教他。"

年至八十，方住赵州城东观音院，去石桥十里已来。住持枯槁，志效古人。僧堂无前后架，旋营斋食。绳床一脚折，以烧断薪用绳系之；每有别制新者，师不许也。住持四十来年（径山本作"年来"），未尝赍一封书告其檀越。

因有南方僧来，举："问雪峰：'古涧寒泉时，如何？'雪峰云：'瞪目不见底。'学云：'饮者如何？'峰云：'不从口入。'"师闻之曰："不从口入，从鼻孔里入。"其僧却问师："古涧寒泉时，如何？"师云："苦。"学云："饮者如何？"师云："死。"雪峰闻师此语，赞云："古佛！古佛！"雪峰因此，后（径山本作"后因此"）不答话矣。

厥后，因河北燕王领兵收镇府，既到界上，有观气象者奏曰："赵州有圣人所居，战必不胜。"燕、赵二王因展筵会，俱息交锋。乃问："赵之金地，上士何人？"或曰："有讲《华严经》大师，节行孤邈。若岁大旱，咸命往台山祈祷；大师未回，甘泽如泻。"乃曰："恐未尽善。"或云："此去一百二十里，有赵州观音院，有禅师年腊高邈，道眼明白。"佥曰："此可应兆乎！"

二王税驾观焉。既届院内，师乃端坐不起。燕王遂（径山本无"遂"字）问曰："人王尊耶？法王尊耶？"师云："若在人王，人王中尊。若在法王，法王中尊。"燕王唯然矣。师良久中间，问："阿那个是镇府大王？"赵王应喏："弟子。"缘赵州属镇府，以表知重之礼。师云："老僧滥在山河，不及趋面。"

须臾，左右请师为大王说法，师云："大王左右多，争交老僧说法？"乃约令左右退。师身畔时有沙弥文远，高声云："启大王！不是者个左右！"大王乃问："是什么左右？"对曰："大王尊讳多，和尚所以不敢说法。"燕王乃云："请禅师去讳说法。"师云："故知大王曩劫眷属俱是冤家。我佛世尊，一称名号，罪灭福生。大王先祖才有人触著名字，便生嗔怒。"师慈悲非倦，说法多时。二王稽首赞叹，珍敬无尽。

来日将回，燕王下先锋使闻师不起，凌晨入院，责师傲亢（原本作"兀"，此从径山本）君侯。师闻之，乃出迎接。先锋乃问曰："昨日见二王来，不起。今日见某甲来，因何起接？"师云："待都衙得似大王，老僧亦不起接。"先锋聆师此语，再三拜而去。

寻后，赵王发使取师供养。既届城门，阖城威仪迎之入内。师才下宝辇，王乃设拜，请师上殿，正位而坐。师良久，以手斫额云："阶下立者是何官长？"左右云："是诸院尊宿，并大师大德。"师云："他各是一方化主，若在阶下，老僧亦起。"王乃命上殿。

是日，斋宴将罢，僧官排定，从上至下，一人一问，一人问佛法。师既望见，乃问："作什么？"云："问佛法。"师云："这里已坐却老僧，那里问什么法？二尊不并化。"此乃语之词也。王乃令止。其时，国后与王俱在左右侍立。国后云："请禅师为大王摩顶受记。"师以手摩大王顶，云："愿大王与老僧齐年。"

是时，迎师权在近院驻泊，获时选地建造禅宫。师闻之，令人谓王曰："若动著一茎草，老僧却归赵州。"其时，窦行军愿舍果园一所，直一万五千贯，号为真际禅院，亦云窦家园也。师入院后，海众云臻。

是时，赵王礼奉。燕王从幽州奏到命服，镇府具威仪迎接，师坚让不受。左右舁箱至师面前，云："大王为禅师、佛法故，坚请师著此衣。"师云："老僧为佛法故，所以不著此衣。"左右云："且看大王面。"师云："又干俗官什么事？"乃躬自取衣挂身上。礼贺再三，师惟知应喏而已。

师住赵州二年，将谢世时，谓弟子曰："吾去世之后，焚烧了，不用净淘舍利；宗师弟子，不同浮俗。且身是幻，舍利何生！斯不可也。"令（原作"今"。此从径山本）小师送拂子一枝与赵王，传语云："此是老僧一生用不尽底。"师于戊子岁十一月十日端坐而终。于时，窦家园道俗车马数万余人，哀声振动原野。赵王（"原野赵王"四字，《语要》亦有；径山本无）于时尽送终之礼、感叹之泣，无异金棺匿彩于俱尸矣。莫不高营雁塔，特竖丰碑。谥号曰真际禅师光祖之塔。

后唐保大十一年孟夏月旬有三日，有学者咨问（径山本作"闻"）东都东院惠通禅师赵州先人行化厥由，作礼而退。乃授笔录之，具实矣（此三字，《语要》有，径山本无）。

（《明版嘉兴大藏经》本《赵州和尚语录》卷下后附。另见：《古尊宿语要》；径山藏本《古尊宿语录》卷第十三《赵州真际禅师语录并行状卷上南岳下四世，嗣南泉》卷首）

按，南宋括山一庵沙门本觉咸淳六年（1270）所集《释氏通鉴》，据此《行状》而述赵州和尚事，言辞稍有改变，颇有助于理解。卷第十一《癸丑景福二[年]》："赵州从谂禅师。初参南泉得旨。后归北地，众请住赵州观音古刹，道风大振。一日，燕王领兵至镇府界，欲取赵城。有观气者曰：'赵州必有圣人者居，战必不胜。'因此，燕、赵通和。闻有观音院谂禅师道眼明白，此必应兆。一日，二王命驾谒赵州和尚。师见王，端坐不起。燕王问：'人王尊？法王尊？'师曰：'在人中，人王尊。在法中，法王尊。'王唯然而已。师良久，乃问：'那个镇府大王？'赵王曰：'弟子是。'师曰：'老僧滥在化部，不及趋见。'须臾，王请说法，师曰：'大王尊讳多。'王曰：'请去讳说法。'师曰：'我佛世尊一称名号，罪灭福生。大王先祖才有人触著名讳，便生嗔怒。'赵州于是慈悲说法，二王大悦，稽首而退。至来日，燕王有先锋将入院，欲责慢君之礼。师闻来，乃出接。锋云：'昨日见二王来不起，今日见某甲来，何故出接？'师云：'待都使似大王，老僧亦不出接。'锋愧而退。……赵王请赵州和尚供养。师届城，王敕令合城具威仪，迎接入内。师下辇，王乃设拜，请上殿正位而坐。斋罢，众欲请师演法，师云：'这里已坐却老僧，那里更问甚法！二尊不并化。'王乃止。时王与后在师左右侍立，后曰：'请师与王摩顶受记。'师以手摩王顶，云：'愿大王与老僧齐年。'"

(《大日本续藏经》第壹辑第贰编乙第肆套第伍册,叶四百九十五右。)

卷第十一《丁巳[乾宁]四年》:"燕王尊仰赵州,尝自幽州降至命服,镇府具威仪迎接,持以奉师。师坚让不受。左右曰:'大王为和尚佛法,故以为奉。请著此衣。'师云:'老僧为佛法故,不著此衣。'诸官咨闻再三,师乃取著。诸官礼贺,师唯应喏而已。十一月,赵州示灭,寿一百二十。后谥真际大师。师临化,令侍者送拂子与赵王,嘱云:'此是老僧一生受用不尽底。'"(第伍册,叶四百九十五左。)

二、《祖堂集》卷第十八《赵州和尚》(节选)

赵州和尚,嗣南泉。在北地。师讳全谂,青社缁丘人也。少于本州龙兴寺出家。嵩山琉璃坛受戒。不昧经律,遍参丛林。一造南泉,更无他往,既遭盛筵,宁无扣击。

师问:"如何是道?"南泉云:"平常心是道。"师云:"还可趣向否?"南泉云:"拟则乖。"师云:"不拟时,如何知是道?"南泉云:"道不属知,不知。知是妄觉,不知是无记。若也真达不拟之道,犹如太虚廓然荡豁,岂可是非!"师于是顿领玄机,心如朗月。自尔,随缘任性,笑傲浮生,拥毳携筇,周游烟水矣。

…………

(以下是师徒问答语录数则,其中有的已见于本书正编,有的被辑录入本书《补遗》,故此不复录之)

三、《宋高僧传》卷第十一《唐赵州东院从谂传》

释从谂，青州临淄人也。童稚之岁，孤介弗群，越二亲之羁绊，超然离俗。乃投本州龙兴伽蓝，从师剺（《大正藏》本作"剪"）落。寻往嵩山琉璃坛纳戒。师勉之，听习于经律，但染指而已。

闻池阳（当作"池州"。《祖堂集》卷第十六《南泉和尚》："南泉和尚。嗣马大师，在池州。……"）愿禅师道化翕如，谂执心定志，钻仰忘疲。南泉密付授之。灭迹匿端，坦然安乐。后于赵郡开物化迷，大行禅道。

以真定帅王氏阻兵，封疆多梗，朝廷患之。王氏抗拒过制，而偏归心于谂。谂尝寄尘拂上王氏，曰："王若问'何处得此拂子'，答道'老僧平生用不尽者物'。"

凡所举扬，天下传之，号"赵州法（《大正藏》本作"去"）道"。语录大行，为世所贵也。

（碛砂藏本）

四、《景德传灯录》卷第十《赵州东院从谂禅师》（节选）

赵州观音院亦曰东院从谂禅师，曹州郝乡人也。姓郝氏。童稚于本州扈通院从师披剃。未纳戒，便抵池阳（当作"池州"。说详上），参。南泉偃息而问曰："近离什么处？"师曰："近离瑞像。"曰："还见立瑞像么？"师曰："不见立瑞像，只见卧如来。"曰："汝是有主沙弥？无主沙弥？"师曰："有主沙弥。"曰："主在什么处？"师曰："仲冬严寒，伏惟和尚尊体万福。"南泉器之,而许入室。异日问南泉:"如何是道?"……师言下悟理,乃往嵩岳琉璃坛纳戒,却返南泉。……

又到黄檗……

又到宝寿……

又到盐官……

又到夹山……

师将游五台山次……

师自此道化被于北地,众请住赵州观音。……

一日,真定帅王公携诸子入院,师坐而问曰:"大王会么?"王云:"不会。"师云:"自小持斋身已老,见人无力下禅床。"王公尤加礼重。翌日,令客将传语,师下禅床受之。少间,侍者问:"和尚见大王来,不下禅床;今日军将来,为什么却下禅床?"师云:"非汝所知。第一等人来,禅床上接;中等人来,下禅床接;末等人来,三门外接。"师寄拂子与王公,曰:"若问何处得来,但道老僧平生用不尽者。"

师之玄言,布于天下,时谓赵州门风,皆悚然信伏矣。唐乾宁四年十一月二日,右胁而寂,寿一百二十。有人问师:"年多少?"师云:"一串念珠数不尽。"后谥真寂大师。

(福州东禅寺版《景德传灯录》卷第十本传。内中省略者亦为问答机缘,亦已见于本书正编或《补遗》,故此亦仅择录有关赵州行迹之语尔)

五、《祖庭事苑》卷第七《八方珠玉集·赵州》

师讳从谂,姓郝氏,曹州郝乡人。

作沙弥时，造南泉之室，颖拔不群，南泉待之异于流辈。一日，问："如何是道？"泉曰："平常心是道。"师曰："还可趣向否？"曰："拟向即乖。"师曰："不拟，那知是道？"曰："道不属知，不知。知是妄觉，不知是无记。若真达不拟之道，犹如大虚廓然，岂可强是非邪！"师既领旨，却往嵩岳，请戒而归。

晚游河朔，被檀越之请，唱道于赵州之观音。一日，真定帅王公镕访师，师坐而问曰："会么？"王曰："不会。"师曰："自小持斋身已老，见人无力下禅床。"公益加敬仰。

至唐昭宗乾宁末年仲冬二日，右胁于寂，谥真际大师。

（《大日本续藏经》第壹辑第贰编第壹拾捌套第壹册）

六、赵王与师作真赞

碧溪之月，清镜中头。我师我化，天下赵州。

（《明版嘉兴大藏经》本《赵州和尚语录》卷首附。永乐本《古尊宿语录》附于卷十五之尾，径山本则在卷第十四《赵州真际禅师语录之余》末。）

七、哭赵州和尚二首

师离濿水动王侯，心印光潜麈尾收。碧落雾霾松岭（原作"领"。此据永乐本和径山本）月，沧溟浪覆济人舟。一灯乍灭波甸喜，双眼重昏道侣愁。纵是了然云外客，每瞻瓶几（此从径山本。原作"机"，永乐本作"机"）泪还流。

（永乐本有"其二"二字）佛日西倾祖印霾，珠沉丹沼月沉辉。影敷丈室炉烟惨，风起禅堂松韵微。只履乍来留化迹，五天何处又逢归？解空弟子绝悲喜，犹自潸然对雪帏。

（《明版嘉兴大藏经》本《赵州和尚语录》卷首附。永乐本《古尊宿语录》卷第十五尾、径山本卷第十四尾附。）

按，诸本皆未及其作者，《释氏通鉴》卷第十一据《禅苑联芳》征引，谓此乃"赵王哭师颂二首"。

八、重刻赵州祖师语录序

闻夫破家散宅，于十八上而善舞太阿；纵宾夺主，于贤圣前而逢场作戏。一物不将来，便教放下著；不起一念时，向道须弥山。每拈一茎草而唤作丈六金身，口惟一个齿而尽知世间滋味。镇州萝卜，诸方谩云即是师承；青州布衫，学者休向言中取的。一个老实头，杀活临机，顿超他动棒（原作"捧"。据文义改）用喝；三寸绵软舌，纵横自在，何尝用怪语寄言！其犹水上按葫芦，垂手东捺西捺；室中悬宝镜，任教凡来圣来。拈提向上，宗乘念佛，则漱口三日，善解拖泥带水。随而问随答有无。（原本中，小字注文仅"随问而随"四字，"答有无"羼入正文）南泉真子，马祖的孙，其惟此老一人而已矣。其垂迹也，滕鮈入口而糠食自安；转现报也，明珠出海而二王供养。如此，则宁非先佛示现利生者哉！

惜其语录不能尽传，学者仅获一帙，真如尝鼎一脔，饮海一滴者矣。奈旧刻岁久，字迹模糊。吾徒明声发心重刻，诏示后来，真报祖师之恩，深惬老朽之意。因佳其志，聊缀数言。其全机大用，非予劣智能解；造渊洞微，自有通方作者。

传曹洞正宗第二十七代云门显圣寺住持散木圆澄撰。

（《明版嘉兴大藏经》本《赵州和尚语录》卷首附）

附编之二

赵州从谂禅师法嗣

洪州新兴严阳尊者

洪州武宁县新兴严阳尊者。僧问:"如何是佛?"师曰:"土块。"曰:"如何是法?"师曰:"地动也。"曰:"如何是僧?"师曰:"吃粥吃饭。"

僧问:"如何是新兴水?"师曰:"前面江里。"

僧问:"如何是应物现形?"师曰:"与我拈床子过来。"

师常有一蛇一虎,随从左右,手中与食。

(福州东禅寺版《景德传灯录》卷第十一《赵州东院从谂禅师法嗣·洪州新兴严阳尊者》)

按,宋代睦庵善卿编、大观二年(1108)即初刊印的《祖庭事宛》卷第六《法眼严阳尊者》:"尊者得法于赵州谂,洪州武宁县新兴人也。所居常有一蛇一虎,从其左右,常手饲之。僧问:'如何是佛?'曰:'土块。''如何是法？'曰：'地动。''如何是僧？'曰：'吃粥吃饭。'"

宋代僧人惠洪（1071~1128）《林间录》卷上："严阳尊者单丁住山，蛇虎就手而食。"

南宋释晓莹于绍兴年间（1131~1162）撰《感山云卧纪谈》，卷上《严阳尊者》："严阳山在武宁县东南四十里，有赵州和尚嗣法上首讳善信者，乐山之奇秀，结庵其间。信以道德崇重，世不欲名，故称严阳尊者。二虎二蛇，驯绕左右。……唐天祐间，江西制置刘公于县治之西创新兴院，迎尊者居焉。僧致问曰：'如何是新兴水？'答曰：'面前江里。'今院之额改为明心。"

宋僧大慧宗杲（1089~1163）著《宗门武库》，述僧问"如何是佛"至答"前面江里"后，评曰："师云：'似这般法门，恰似儿戏相似；入得这般法门，方安乐得人。如真净和尚拈提古今，不在雪窦之下，而未流传习，却成恶口小家，只管问："古人作么生？真如又如何下语？杨歧又如何下语？"你管得许多闲事！瘥病不假驴驼药。若是对病与药，篱根下拾得一茎草，便可疗病，说什么朱砂、附子、人参、白术！'"

《五灯会元》卷第四《赵州谂禅师法嗣·严阳善信尊者》亦有之，唯文略异："洪州新兴严阳尊者，讳善信。初参赵州……住后，僧问：'如何是佛？'师曰：'土块。'曰：'如何是法？'师曰：'地动也。'曰：'如何是僧？'师曰：'吃粥吃饭。'问：'如何是新兴水？'师曰：'面前江里。'问:'如何是应物现形?'师曰:'与我拈床子过来。'师常有一蛇一虎,随从手中与食。"

《御选语录》卷第三十四《历代禅师语录后集·新兴严阳尊者》,亦有随从一蛇一虎的记载。

岂不见严阳尊者路逢一僧,拈起杖云:"是什么?"僧云:"不识。"严云:"一条拄杖也不识?"严复以拄杖地上剳(当为"扎"之音误)一下,云:"还识么?"僧云:"不识。"严云:"土窟子也不识?"严复以拄杖担,云:"会么?"僧云:"不会。"严云:"榔(当作"梛"。梛,即梛榆,又叫"脱皮榆"、"小叶榆",一种榆科落叶乔木)栗横担不顾人,直入千峰万峰去。"
(约成书于北宋政和年间〈1111~1118〉的《佛果圜悟禅师碧岩录》卷第三《莲花峰拈拄杖》)

按,《感山云卧纪谈》卷上《严阳尊者》:"国初,有僧道宁于尊者祠堂作分书,写尊者送僧偈,大观中尚存败壁间。曰:'身如云兮貌如祖,及至身中无伴侣。榔(疑乃"梛"之误。梛,榆科落叶乔木)栗横担不顾人,直入千峰万峰去。'今丛林中唯诵后二句,亦不知为谁作。至于《传灯录》遗脱尊者之名,诚可大息也。"

昔严阳尊者问赵州:"一物不将来时,如何?"州云:"放下著。"严阳云:"一物既不将来,放下个甚么?"州云:"放不下,担取去。"严阳于言下大悟。

(《大慧普觉禅师语录》卷第二十九《答楼枢密》)

按，《感山云卧纪谈》卷上《严阳尊者》："尊者尝问赵州：'一物不将来时，如何？'赵州曰：'放下著。'尊者曰：'既是一物不将来，又放下个甚么？'赵州曰：'放不下，便担取去。'黄龙南禅师有颂发挥之，曰：'一物不将来，肩头担不起。言下忽知非，心中无限喜。毒恶既忘怀，蛇虎为知己。光阴几百年，清风犹未已。'"

《五灯会元》卷第四《严阳善信尊者》："洪州新兴岩阳尊者，讳善信。初参赵州，问：'一物不将来时，如何？'州曰：'放下着。'师曰：'既是一物不将来，放下个甚么？'州曰：'放不下，担取去。'师于言下大悟。"

又，宋绍昙撰、刊于宝祐二年（1254）的《五家正宗赞》卷第一《赵州真际禅师》亦载，末句作"严有省"。

《御选语录》卷第三十四《历代禅师语录后集·新兴严阳尊者》谓，此乃严阳初参赵州时的问答。

扬州光孝院慧觉禅师

扬（原误作"杨"）州城东光孝院慧觉禅师。僧问："觉华才绽，遍满婆婆。祖印西来，合谈何事？"师曰："情生智隔。"曰："此是教意？"师曰："汝披什么衣服？"

问："一棒打破虚空时，如何？"师曰："困即歇去。"

(《景德传灯录》卷第十一《赵州东院从谂禅师法嗣·扬

州光孝院慧觉禅师》)

　　按,《五灯会元》卷第四《赵州谂禅师法嗣·光孝慧觉禅师》,辞极类似。

师问宋齐丘:"还会道么?"宋曰:"道也著不得。"师曰:"有著不得?无著不得?"宋曰:"总不恁么。"师曰:"著不得底?"宋无对。

(《景德传灯录》卷第十一《赵州东院从谂禅师法嗣·扬州光孝院慧觉禅师》)

　　按,《联灯会要》卷第七《赵州观音从谂禅师法嗣》,文有异:"师问宋齐止:'还会道么?'宋云:'若是道,也著不得。'师云:'是有著不得?是无著不得?'宋云:'总不恁么。'师云:'著不得底聻?'宋无对。"

　　《五灯会元》卷第四《赵州谂禅师法嗣·光孝慧觉禅师》,几同于《联灯会要》,然称宋齐丘乃"相国宋齐止","著不得底"后,多一"聻"字。

师领众出,见露柱。师合掌曰:"不审,世尊!"一僧曰:"和尚!是露柱!"师曰:"啼得血流无用处,不如缄口过残春。"

(《景德传灯录》卷第十一《赵州东院从谂禅师法嗣·扬州光孝院慧觉禅师》)

　　按,《联灯会要》卷第七《赵州观音从谂禅师法嗣·

扬州光孝慧觉禅师》："师一日见露柱,合掌云:'不审,世尊!'僧云:'和尚!是露柱!'师云:'啼得血流无用处,不如缄口过残春。'"

《五灯会元》卷第四《赵州谂禅师法嗣·光孝慧觉禅师》,几同于《景德传灯录》。

僧问:"远远投师,师意如何?"曰:"官家严切,不许安排。"曰:"师岂无方便?"师曰:"且向火仓里一宿。"

张居士问:"争奈老何?"师曰:"年多少?"张曰:"八十也。"师曰:"可谓老也。"曰:"究竟如何?"师曰:"直至千岁也未住。"

有人问:"某甲平生爱杀牛,还有罪否?"师曰:"无罪。"曰:"为什么无罪?"师曰:"杀一个,还一个。"

(《景德传灯录》卷第十一《赵州东院从谂禅师法嗣·扬州光孝院慧觉禅师》)

按,《联灯会要》卷第七《赵州观音从谂禅师法嗣·扬州光孝慧觉禅师》录后两则,文辞有异:"张居士问:'奈老何?'师云:'年多少?'士云:'八十也。'师云:'可谓老也。'士云:'毕竟如何?'师云:'直至千岁也未在。'"

"或人问:'某甲平生杀牛,还有罪也无?'师云:'无。'或人云:'何得无罪?'师云:'杀一个,还一个。'"

《五灯会元》卷第四《赵州谂禅师法嗣·光孝慧觉禅师》,录此三则。前一则极类于《景德传灯录》。后两则辞句是糅合《景德传灯录》和《联灯会要》而成，然亦稍异，如"或人"作"俗士"。

师到崇寿。法眼问："近离甚处？"师云："赵州。"眼云："承闻赵州有柏树子话，是否？"师云："无。"法眼云："往来皆谓：'僧问："如何是祖师西来意？"州云："庭前柏树子。"'上座何得言无？"师云："先师实无此语。和尚莫谤先师好。"
（《联灯会要》卷第七《赵州观音从谂禅师法嗣·扬州光孝慧觉禅师》）

按，《五灯会元》卷第四《赵州谂禅师法嗣·光孝慧觉禅师》，言辞小异。如，"柏树子话"前有"庭前"二字等。

《五家正宗赞》卷第一《赵州真际禅师》："僧问：'如何是祖师西来意？'师曰：'庭前柏树子。'后法眼问觉铁嘴：'闻赵州有柏树子话，是否？'觉曰：'先师无此语。莫谤先师好。'"

宋天童正觉颂古、元万松行秀评唱《从容庵录》卷第三《第四十七则"赵州柏树"》之"评唱"有云："扬州城东光孝寺慧觉禅师到法眼处，眼问：'近难（疑乃"离"之误）何处？'觉曰：'赵州。'眼曰：'承闻赵州有柏树子话，是否？'觉曰：'无。'眼曰：'往来皆谓，僧问如何是祖师西来意，州曰庭前柏树子。上座何得道无？'觉曰：'先师实无此语，和尚莫谤先师好。'诸方名为'觉铁嘴'。"

此则,在《联灯会要》之前实已流行于禅衲之间。成书于绍兴年间(1131~1162)的《感山云卧纪谈》卷下《旦公颂古》:"大沩佛性禅师。为其嗣者潭州慧通旦公尝颂觉铁嘴'先师无此语'话曰:'谁道先师无此语?焦尾大虫元是虎。胡蜂不恋旧时窠,猛将不归家里死!急著眼,勿回顾,若会截流那下行,匝地清风随步武。'佛性见而喻之曰:'颂古拈古要奢俭得所,如人解使钱,不必多也。"

陇州国清院奉禅师

陇州国清院奉禅师。问:"祖意与教意,同?别?"师曰:"雨滋三草秀,春风不裹头。"僧曰:"毕竟是一?是二?"师曰:"祥云竞起,岩洞不亏。"

问:"如何是和尚家风?"师曰:"台盘倚子,火炉窗牖。"

问:"如何是出家人?"曰:"铜头铁额,鸟嘴鹿身。"

僧曰:"如何是出家人本分事?"师曰:"早起不审,夜间珍重。"

僧问:"牛头未见四祖时,为什么鸟兽衔花?"师曰:"如陕府人送钱财与铁牛。"曰:"见后为什么不衔花?"师曰:"木马投明行八百。"

问:"十二时中,如何降伏其心?"师曰:"敲冰求火,论劫不逢。"

问:"十二分教是止啼之义。离却止啼,请师一句。"师曰:"孤峰顶上双角女。"

问:"如何是佛法大意?"师曰:"释迦是牛头狱卒,祖师是马面阿婆。"

问:"如何是西来意?"师曰:"东壁打西壁。"

问:"如何是扑不破底句?"师曰:"不隔毫厘,时人远向。"

(《景德传灯录》卷第十一《赵州东院从谂禅师法嗣·陇州国清院奉禅师》)

按,《联灯会要》卷第七《赵州观音从谂禅师法嗣·陇州国清奉禅师》,择录此中数则,次序、文字皆有别:"问:'牛头未见四祖时,为甚么百鸟衔花献?'师云:'陕府人送钱财与铁牛。'云:'见后,为甚么不衔花献?'师云:'木马投明行八百。'"

"僧问:'祖意、教意,是同?是别?'师云:'雨滋三草秀,春风不裹头。'"

"问:'如何是出家人?'师云:'铜头,铁额,鸟嘴,鹿身。'"

"问:'如何是佛法大意?'师云:'释迦是牛头狱卒,祖师是马面阿傍。'"

"问:'如何是祖师西来意?'师云:'东壁打西壁。'"

《五灯会元》卷第四《赵州谂禅师法嗣·国清院奉禅

师》,全录,唯辞句稍异。《联灯会要》有者,则近之,如,"同?别?",作"是同?是别?";"鸟兽",作"百鸟";"马面阿婆",为"马面阿旁"。

婺州木陈从朗禅师

婺州木陈从朗禅师。僧问:"放鹤出笼和雪去时,如何?"师曰:"我道不一色。"

因金刚倒,僧问:"既是金刚不坏身,为什么却倒地?"师敲禅床曰:"行住坐卧。"

师将归寂,有颂曰:"三十年来住木陈,时中无一假功成。有人问我西来意,展似眉毛作么生。"

(《景德传灯录》卷第十一《赵州东院从谂禅师·婺州木陈从朗禅师》)

按,《五灯会元》卷第四《赵州谂禅师法嗣·木陈从朗禅师》,文小异。如,"为什么",作"为甚么"。

婺州新建禅师

婺州新建禅师。不度小师。有僧问:"和尚年老,何不畜一童子侍奉?"师曰:"有謦聍者,为吾讨来。"

僧辞,师问:"什么处去?"僧曰:"府下开元寺去。"师曰:"我有一信附与了寺主,汝将得去否?"僧曰:"便请。"师曰:"想汝也不奈何。"

(《景德传灯录》卷第十一《赵州东院从谂禅师法嗣·婺州新建禅师》)

按,《联灯会要》卷第七《赵州观音从谂禅师法嗣·婺州新建禅师》采第一则:"一生不畜沙弥童行。有座主问:'和尚年尊,何不讨个小师侍奉?'师云:'若有眼暗、耳聋、口哑底,为我讨一个来。'主无对。"

《五灯会元》卷第四《赵州谂禅师法嗣·婺州新建禅师》,文稍异。如,"什么处去",作"甚处去";"汝将得去否",作"汝将去得否"。

杭州多福和尚

杭州多福和尚。僧问:"如何是多福一丛竹?"师曰:"一茎两茎斜。"曰:"学人不会。"师曰:"三茎四茎曲。"

(《景德传灯录》卷第十一《赵州东院从谂禅师法嗣·杭州多福和尚》)

按,北宋惠洪撰成于宣和二年(1120)的《禅林僧宝传》卷第二十三《黄龙宝觉心禅师》有云:"试阅《传灯》,至'僧问多福禅师曰:"如何是多福一丛竹?"福曰:"一茎两茎斜。"僧曰:"不会。"福曰:"三茎四茎曲"',此时顿觉亲见二师,径归黄檗。……"

《联灯会要》卷第七《赵州观音从谂禅师法嗣·杭州多福和尚》,文小别。如,"学人不会",径作"不会"。

《五灯会元》卷第四《赵州谂禅师法嗣·杭州多福和尚》，文同。

《御选语录》卷第三十四《历代禅师语录后集·杭州多福和尚》，亦录多福此化语。

僧问："如何是衲衣下事？"师曰："大有人疑在。"曰："为什么如是？"师曰："月里藏头。"

(《景德传灯录》卷第十一《赵州东院从谂禅师法嗣·杭州多福和尚》)

按，《五灯会元》卷第四《赵州谂禅师法嗣·杭州多福和尚》，文稍异。如，"疑"，作"疑著"；"什么"，作"甚么"。

益州西睦和尚

益州西睦和尚。上堂。有一俗士举手，云："和尚便是一头驴。"师曰："老僧被汝骑。"彼无语。去后三日，再来，自言："某甲三日前著贼。"师拈拄杖趁出。

师有时蓦唤侍者，侍者应喏。师曰："更深夜静，共伊商量。"

(《景德传灯录》卷第十一《赵州东院从谂禅师法嗣·益州西睦和尚》)

按，《联灯会要》卷第七《赵州观音从谂禅师法嗣·益州西睦和尚》亦有，然次序、语句皆有不同："师召侍者,者应诺。师云:'更深夜静,共伊商量。'"

"有俗士举手,云:'和尚是一头驴。'师云:'老僧被你骑。'士无语去。后三日却来,云:'某甲前日著贼了也。'师拈棒打出。"

《五灯会元》卷第四《赵州谂禅师法嗣·益州西睦和尚》,文稍异。如,"自言",作"白言";"拄杖",作"杖";"侍者应喏",作"者应诺"。

又,《御选语录》卷第三十四《历代禅师语录后集·益州西睦和尚》,录有第一则化语,"自言"亦作"白言",盖从《五灯会元》也。

赵州从谂研究

一、现存语录的状况及其源流

今天能够见到的比较完整的赵州从谂语录，一是《古尊宿语录》所采入者，一是《明版嘉兴大藏经》收录者。

《古尊宿语录》，乃宋代鼓山赜藏主始刻，其源流是颇为复杂的①。

宋绍兴年间（1131～1162），晓莹于江西丰城曲江感山云卧庵闲居而撰《云卧纪谭》，卷上《鼓山刊录》曰："福州鼓山于绍兴之初刊行《古尊宿语录》二十有二，洪之翠岩芝禅师者其一焉。……绍兴甲子逮今，模印流通天下，不知其几许。"② 显然，晓莹所见乃初版也，应刊于绍兴甲子岁（1144）。（柳田圣山认为，初版约在1131～1138年间，尚不确切③。）这其中，"赵州谂"即被收入卷一。日本无著道忠

---

① a. 参日本无著道忠《福州鼓山寺古尊宿语要全部目录》、《今刊古尊宿录目录》、《续刊古尊宿语要目录》、《续古尊宿录目录》，见《大日本续藏经》第壹辑第贰编第贰拾肆套第壹册；b. 萧萐父等点校《古尊宿语录》之《前言》。
② 《大日本续藏经》第壹辑第贰编乙第贰拾壹套第壹册，叶五右上。
③ 见萧萐父点校《古尊宿语录》之《前言》，页27。

(1653~1745)①所见仅二十家，版式为"每半面十二行，每行廿字，或廿二三四字不齐"；第一卷"总九十丈（即'张'）"②。数年后，鼓山德最再刊之，亦是二十二家，亦有赵州："赜藏主刊行《古尊宿语录》二十二家，有补于宗门多矣，惜不略叙其始末为阙典。就中唯大隋、赵州有行状。枢使懒窝大居士沈公来殿是邦，权衡此道，一见谓住鼓山德最曰：'虽《传灯》、《广灯》、《续灯》、《僧宝传》具载，而衲子未暇检阅，卒读则惘然不知。宜撮其大概，标于卷首。'德最谨略具其始终出处，有不载者则阙焉。学者一览便见，是亦一助也。淳熙戊戌（1178）腊月望日。"③

而近百年后，物初大观《重刊〈古尊宿语〉序》言，虽然书中也收有赵州，但书名已变为《古尊宿语》，所采亦不止于二十二家矣："……七佛偈及西天此土三十三传，枝出派别，莫知其几。授受证据，洎夫抑扬示诲见于传灯，而多有载不尽者，往往散落。异时有赜藏主者，旁蒐（通'搜'）广采，仅得南泉而下二十二家示众机语。厥后，又得云门、真净、佛眼、佛照等数家，总曰《古尊宿语》。——非止乎此也，据其所搜采而言尔。……觉心居士……谓赜所编《古尊宿语》刊于闽中，而板亦漫矣，两浙丛林得之惟艰。勇捐己资，锓梓流

---

① 参 a. 柳田圣山《无著道忠的学术贡献》，见柳田主编《禅学丛书之八·百丈清规左觿》附录；b. 董志翘中文译本，见《俗语言研究》创刊号（1993年12月），日本禅籍俗语言研究会编。
② 《福州鼓山寺古尊宿语要全部目录》，《大日本续藏经》第壹辑第贰编第贰拾肆套第壹册，叶九十五左。
③ 同②。

通。命禅衲精校重楷,不鄙索序。……时圣宋咸淳丁卯(1267)春清明日,江浙等处明州府阿育王山广利禅寺住持沙门物初大观序。——唐宋诸硕师传佛心宗,道大德备,室中垂示、勘辨学者、徵拈代别,皆有机语流布寰中久矣,惟《传灯》一书尝赐入藏。诸师之语《传灯》不能备载者,有赜公藏主别集南泉、赵州、黄檗、临济、云门、真净、佛眼、东山二十余家,总若干卷,题之曰《古尊宿语》,实有补于宗门。"①按,此序,无著道忠曾加以节录,曰出自《物初謄语》②。

比照其他记载,显然,赜藏主"旁蒐广采"《传灯》所载不尽者有两次:初次,仅集二十二家,名曰《古尊宿语录》;复又加以增补,刊行时易名曰《古尊宿语》。当初,觉心居士仅依增补本"精校重楷"而已,并未改动原来的内容。柳田圣山认为,绍兴初鼓山守赜僧挺第一次编印的叫《古尊宿语要》;称此《古尊宿语》只有二十家,云门、真净等八家乃觉心居士捐资重刻时新加③,盖未注意晓莹的记载,未顾及大观序本有"有赜公藏主别集……云门、真净……"等语也。

进而考之,柳田先生盖依道忠而言也。无著道忠所得福州鼓山宋刊本有两种,其一为鼓山德最淳熙戊戌(1178)刊之"古尊宿语要",四卷本。其二,乃十策(册)本,内中四策(四卷)为赜藏主刊、"藏司印行"者,共二十家,"赵州谂"

---

① 见明《径山藏》本《古尊宿语录》卷首,明《永乐南藏》本《古尊宿语录》卷八末尾附录。
② 《福州鼓山寺古尊宿语要全部目录》,《大日本续藏经》第壹辑第贰编第贰拾肆套第壹册,叶九十五左。
③ 见萧萐父点校《古尊宿语录》之《前言》,页26~28。

在卷一（第壹策）；另外六策（册）按天字、地字、日字、月字、星字、辰字次序排列，总八十家，是"嘉熙戊戌岁（1239）续刊"，在"蒙堂印行"，内中不知有无赵州化语①。——注意，福州鼓山在赜藏主增补本之后，又出现过此十策、一百家的"古尊宿语要"。道忠为第二种编的目录《福州鼓山寺古尊宿语要全部目录》中，有《重刻〈赵州祖师语录〉序》，应非第二种所原有，而是撷自明代《嘉兴大藏经》中的《赵州和尚语录》三卷本（详下面有关此三卷本的介绍）；序后，尚录南院和尚等的简历、杨杰撰《云峰悦禅师语录序》等颇为驳杂的内容。据这两种宋刻本，道忠校订成《古尊宿语要》手抄本四册，凡二十家，第壹册收"南泉语要"、"投子语录"、"睦州语录"、"赵州语要"。柳田言，此手抄本即是守赜僧挺第一次编之"古尊宿语要"；原仅二十家，而物初大观却称为"二十二家"者，盖误各为上下卷的赵州和云峰两家为四家也②。

　　赜藏主所编、后又尝被翻刻的增补本，在明永乐年间刊行大藏经（即《永乐南藏》）时，又添加了怀让、马祖等九家，成为共37家、48卷的新的《古尊宿语录》本子。永乐本卷第二一末尾附净戒所作短识，文曰："新藏经版，初赐天禧。凡禅宗《古尊宿语》、颂古、雪窦、明教、圆悟、大慧等语，多有损失。永乐二年，敬捐衣资，命工刊补。今奉钦依取僧就灵

---

① 《福州鼓山寺古尊宿语要全部目录》，《大日本续藏经》第壹辑第贰编第贰拾肆套第壹册，叶九十五上至九十七右。
② 参见萧萐父点校《古尊宿语录》之《前言》，页27。

谷寺校正，以永乐十一年春二月为始，至冬十一月乃毕。供需之费，皆本寺备给。计校出差讹字样十五万余，刊修改补，今已聿完，庶得不遗佛意，不误后人。所冀永远流通，祝延圣寿万安者。永乐十二年岁在甲午仲冬，僧录司右阐教兼钟山灵谷禅寺住持臣净戒谨识。"可见，永乐本在永乐十一年（1413）已经完成矣。《永乐南藏》本《古尊宿语录》中，赵州语录被列在卷第十四、十五。

明代万历年间开刻的《径山藏》（又名《嘉兴藏》），亦收入《古尊宿语录》，唯分卷和内容较之《永乐南藏》有所变化，赵州语录被改列在卷第十三、十四。再后来，日本《卍续藏经》、台湾《佛光大藏经》等收入《古尊宿语录》时，皆是依《径山藏》而排，特别是《卍续藏经》，连版式都完全相同。

无著道忠显然见过中国明代以后刊印的《古尊宿语录》。前面提到过，他编的《福州鼓山寺古尊宿语要全部目录》，内中全文载《嘉兴藏》所收《赵州和尚语录》的《重刻〈赵州祖师语录〉序》。另外，他编《今刊古尊宿录目录》，"第十三卷"为"赵州真际语录"，"第十四卷"为"赵州之余"，称"新刊增鼓山本撰二十家者，一十六家，总三十六家"[1]；又编《续刊古尊宿语要目录》，谓从"龙华新写"，内无赵州。此"续刊"，盖宋师明所集《续古尊宿语要》[2] 吧。他还编"浓

---

[1] 《大日本续藏经》第壹辑第贰编第贰拾肆套第壹册，叶九十七左。
[2] 见于《大日本续藏经》第壹辑第贰编第贰拾肆套第壹册。

州细目乡临溽山大仙寺所藏"之《续古尊宿录目录》，其中地集有"赵州真际语上二十板"、"赵州真际语中十四板"、"赵州真际语下十一板"，摺题分别为"赵上"、"赵中"、"赵下"；言："大仙本以叶县、石门、赵州总三十八丈（通'张'）加天集，以首山、神鼎、临济、承天、南泉、投子、睦州百十九丈题裱纸为地集。盖大仙本此大地集、又天集中脱八家，遂以鼓山本撰第一册第二册填天地之阙而已。摺题亦异天集、日集等。……"从该目录还得知，道忠尚见心华本、杂华本、相国本等；龙华所藏，置赵州于天集，亦是"赵州上二十板"、"赵州中十四板"、"赵州下十一板"①。需要说明的是，《大日本续藏经》第壹辑第贰编第贰拾肆套第壹册的目录，仅标道忠编"古尊宿语录目录一卷"、"续古尊宿语要目录二卷"，而该册中实际有《福州鼓山寺古尊宿语要全部目录》两种、《今刊古尊宿录目录》、《续刊古尊宿语要目录》、《续古尊宿录目录》等。

综上所述，赜藏主初刊的二十二家《古尊宿语录》中，"赵州谂"的示众机语与其他三家列在卷一，且有行状。无著道忠校刊的《古尊宿语要》四卷本，"赵州语要"也在卷一，上、下卷，可知其内容与赜藏主初刊之"赵州谂"大致相当。明代以后的《古尊宿语录》中，赵州语录仍然保持了两卷的状况，不过顺序有所调整。只有日本大仙寺、龙华所藏《续古尊宿录》似有增添，变为上、中、下三个部分，异于赜藏主所编。顺便指出，"古尊宿"在清代曾作为太原白云寺一僧的名字②。

---

① 同上，叶九十九左至一百一左。
② 参陈垣《释氏疑年录》，页462。

下面让我们来看看中土大藏经中所保存的赵州语录的具体情况。

前已言及,《永乐南藏》本《古尊宿语录》(以下简称"永乐本"),卷八附物初大观序,表明它是在觉心居士捐刻的《古尊宿语》的基础上增扩而成。该书卷十四无卷题,收赵州语录共207则;卷十五《赵州谂禅师语录》,收语录或诗偈280则(首),另附《赵王与师作真赞》、《哭赵州和尚二首》。无行状。其版式为摺装式;叶二十四行,行十七字。字体为赵体。

明代之《径山藏》(《嘉兴藏》)本《古尊宿语录》(以下简称"径山本"),卷十三《赵州真际禅师语录并行状卷上》,首为行状,次列语录220则;卷十四《赵州真际禅师语录之余》,辑语录或诗偈300则(首),尾附《赵王与师作真赞》、《哭赵州和尚二首》。卷十三和十四末尾,皆有"庐山栖贤宝觉禅院住持传法赐紫沙门澄諟重详定"字样。其版式,线装;四周双边(双栏);每半叶十行,行二十字;白口,版心上端有"支那撰述"四字。字体为方体字。卷十三后之牌记曰:"金坛居士于玉立施赀刻此/(此处之三个'/',表示换行。下同)《古尊宿语录》卷第十三,计字一万零五百十,该银五两四钱六分五厘/银山释海亮对,金陵丘熊祥书,上元王兰刻/万历甲寅岁秋八月,径山化城识。"卷第十四后牌记则言:"金坛居士于玉立施赀刻此/《古尊宿语录》卷第十四,计字一万五千二百,该银五两八钱二分四厘/银山释海亮对,上元陶邦本书,泾县徐世继刻/万历甲寅岁秋九月,径山化城识。"由于其他卷中亦有"金坛居士……"字样,可知《径山藏》本《古尊宿语录》乃于氏独捐资而刻;卷第十三、十四之赵州化语，万历甲寅岁（1614）秋天即已在径山完成也。

《径山藏》中还有另一种单独的《赵州和尚语录》三卷，标为"参学门人文远记录"、"鞭秝道人大参重校"、"云门弟子明声重刻"。卷上之前，有《重刻〈赵州祖师语录〉序》，为"传曹洞正宗第二十七代云门显圣寺住持散木圆澄撰"，内中有言："……惜其语录不能尽传，学者仅获一帙，真如尝鼎一脔、饮海一滴者矣。奈旧刻岁久，字迹模糊。吾徒明声发心重刻，诏于后来……"再后，为《赵王与师作真赞》、《哭赵州和尚二首》以及《助刻姓氏》名单。《赵州和尚语录卷上》，集语录204则；《赵州和尚语录卷中》，230则；《赵州和尚语录卷下并对机勘弁偈颂等》，语录或诗偈86则（首），末附《赵州真际禅师行状》。从其内容排列及圆澄序来看，显然是依某单行本而复刻也。据民国喻谦（？~1933）所撰《新续高僧传四集》卷第七《明余杭径山寺沙门释圆澄传》和柳田圣山《禅籍解题》第五部分《唐代の禅籍·赵州录》①，散木圆澄（1561~1626），本会稽人，万历年间始来径山，"耽其幽寂，还遂栖止。所著有《宗门或问》、《慨古录》、《思益简注》、《楞严臆说》、《法华意语》、《涅槃疏》、《金刚三昧》诸书，修建大刹五，筑古塘一百五十里。屡著神异，远近宗之"。他应算是一个大和尚了。《赵州和尚语录》三卷未言圆澄之徒明声雕刻的年代，但观其版式、字样与《径山藏》中之《五灯会元》完全一致，而该《五灯会元》乃刊于万历壬子岁

---

① 见《世界古典文学全集》第36B《禅家语录Ⅱ》附录。

(1612),可知二者为同时同人剞劂。

　　同在《径山藏》中的《古尊宿语录》所采赵州化语和《赵州和尚语录》三卷,内容大致相当,只是三卷本多出圆澄序、《助刻姓氏》;结构上,三卷本将序、他人所作诗赞等置于正文之前,行状亦附于卷末。再细而比较二者所收之化语,歧异也主要是形式方面的:三卷本卷上204则,加上卷中第206至220则,相当于径山本卷第十三;三卷本卷中第221则以下和卷下,相当于径山本卷第十四。总的来看,三卷本结构合理,径山本则显得头重脚轻。三卷本卷中之首的第205则,径山本置于卷十四起始;径山本无三卷本第463则;三卷本第327、328则各自独立,径山本删去第328则数字,将二则合为一则。则与则之间,二者的异文也很有限,如第125、188、198、412、437、454、458、462、486、490、518则等;第435则,三卷本有"烈土主来,为什么不起"语,"烈土"显然即"裂土"之意,径山本由于脱"烈"字而竟作"土王",故而《续藏经》本《古尊宿语录》依径山本刊刻时,校勘者会误认为"'土'疑'大'也"①。三卷本各则皆另起头排列,径山本仅间或区分而已。前面说过,三卷本源于某单刻本,而此处的种种迹象表明,径山本似乎参照过三卷本也。

　　径山本的结构,类似于年代更早的永乐本,如皆从第221则(此处则数,依三卷本)别为两卷,《赵王与师作真赞》、《哭赵州和尚二首》也在第二卷之末,等等。其次,径山本亦与永乐本一样,各则极少提行排列,只不过永乐本则与则之间,往往空一

---

① 《大日本续藏经》第壹辑第贰编第贰拾叁套第贰册,叶百六十三左下。

格，眉目显得较为清楚罢了。另外，永乐本是经过精校的（详下），而径山本汲收了其优点：径山本凡与三卷本文字相异者，只要永乐本有此则，径山本几皆同于永乐本。如：三卷本第6则"泉乃举前语子"，永乐本、径山本并作"泉乃举前话了"，语意流畅；三卷本第99则"……才有言语，是拣择。老僧却不在明白里。是你向什么处见祖师"，永乐本、径山本作"才有言语，是拣择，是明白。老僧却不在明白里，是你还护惜也无"。三卷本第288则"驼来也未"，"驼"前空一格，永乐本、径山本都为"白驼来也未"。《十二时歌》之一，三卷本"北望修行利济人"，永乐本、径山本"北"作"比"，"比望"即本望也，形惬意顺……可见，径山本刊刻时，又确实参照过永乐本也。

然而，值得注意的是，径山本与三卷本的篇幅几皆一致，而与永乐本竟然相距涯岸！永乐本以三卷本第220则以前的语录为卷第十四，却无第1、3、4、44、51、54、72、154、178、192、193和218则；三卷本第205则，永乐本变为卷第十五的首则（这与径山本一致）；永乐本卷第十五，又缺三卷本的第327、328、338、355、392、407、428、435、437、440、441、458、464、465、466、467、468、471、497、506、510则。从第435则起三卷本卷下所有的各则，较其卷中、卷下永乐本未采的各则而言，既多且繁，由此显示出永乐本乃删节某单行的赵州语录而成的痕迹——为了顾全卷第十四、十五篇幅的相当，所删便逐渐增多也。当然，径山本内容的增加也表明，径山本是在参照永乐本的基础上，又依据某一本子做了大幅度的扩充。之所以这么说，还因为倘比较共有的条目，可以看到，三卷本之"师云"，永乐本往往径曰"云",刊削了许多"师"字;有些则,如第489、491则,永乐本又无端少去了一些文字。再者,永乐本错讹很少,说明它在刊刻时,经过精心校勘。如,三卷本第100则有"草是不生不灭么"语,永乐本"草"作"早",惬合文义。永乐本中有多处双行小字,也表示它们乃校对时发现错漏而补刻,因字数较初刻时增加,不得已而如此。当然,永乐本也不是除尘净尽的,如三卷本第182则问"不合不散时,如何辨"时,答语中有"你便合",永乐本即误作"你便答"。

那么,径山本是依据什么本子扩充的呢?与径山本极为类似的三卷本,其源流若何呢?永乐本所据以删减的单刻本,又是什么呢?

我们知道,径山本卷第十三、十四之后皆有"庐山栖贤宝觉禅院住持、传法赐紫沙门澄諟重详定"字样。按,"澄諟"当作"澄湜"。《说文·言部》:"諟,理也。"《广雅·释言》:"諟,是也。"《广韵·纸韵》:"諟,正也。"澄"理"、澄"是"、澄"正",义皆捍格。如作"澄湜",《说文·水部》:"湜,水清底见也。从水,是声。""澄"、"湜"义同理顺。考澄湜师从法眼文益(885~958)之徒百丈恒和尚(?~991),生活于五代宋初,秉性高简,律身精严,为临济一系中黄龙慧南(1002~1069)的业师;因门庭峻严,故参徒不盛①。径山本源于澄湜详定者,应无疑矣。而三卷本内容既然与径山本几皆一色,结构又不相同,其所依从的当时学者仅获的"一帙""旧刻",也应是万历年间尚

---

① 明释明河(1588~1640)撰《补续高僧传》卷七《宋栖贤湜禅师传》。见《卍续藏经》本。

在单独流传的澄湜详定本。三卷本卷上标"参学门人文远记录"、"辚轹道人大参重校"、"云门弟子明声重刻",亦正说明它是源于澄湜据文远记录本而详定的本子,明声仅仅重刻而已,只是将有关澄湜的字样去掉而换以己名,对其结构和内容都没有做什么变动。虽然澄湜详定本已不复存,今天,我们尚可以借明声重刻本而一睹其风貌也。当初明声重刻,为入藏也;时间相仿佛,同样为入藏而再雕《古尊宿语录》,编纂者遂亦据澄湜详定本对内容加以扩充,成为我们今天看到的径山本。可见,径山本并不是直接参照三卷本而编辑的。

这也可以解释,为什么径山本与三卷本仅仅是貌合神离罢了,与永乐本才真正是血浓于水。

前面提到过,径山本《古尊宿语录》卷首、永乐本《古尊宿语录》卷八,并有物初大观作于宋代咸淳丁卯(1267)之序,又表明无论是永乐本还是径山本,都应与觉心居士捐刻本一脉相承。觉心当初"命禅衲精校重楷"赜藏主增补本,下的是校勘功夫,仅仅改正了一些错字而已,并未刊削内容;永乐本既然从之而来,其错讹极少是很自然的。永乐本与径山本或三卷本的某些异文,却恰恰与无著道忠校写的《古尊宿语要》一致,表明永乐本在较大程度上尚保持了觉心捐刻的赜藏主所编本的原貌:如上揭三卷本第100则"草是不生不灭么",《语要》、永乐本"草"即皆作"早"。然而,颇可注意的是,德最再刊赜藏主初刊本序称,赵州语录附有行状,而永乐本却无。此盖赜藏主增补时删除邪?

尝试言之,赜藏主初编或增补《古尊宿语录》时,澄湜详定本早已出现。永乐本虽然则数与三卷本、径山本有较大差异，文字也存在着不同，但则与则之间的顺序大体上是一致的；永乐本有的各则，三卷本、径山本都有；共有的各则，内容也相去无几。所以，永乐本所据以删削的单刻本，或者更明确地说，赜藏主初刻和增补时所依的，也应该是澄湜详定本。永乐本之异，一是赜藏主选编造成的，一是觉心请禅僧精校时删润的。之所以这么推断，还有如下证据：三卷本第515则"为你说难法，对面识得未"，"未"，永乐本、径山本皆作"来"，误；无著道忠校写之《古尊宿语要》恰作"未"；三卷本附《赵州真际禅师行状》，叙赵州逝后状况曰："于时，窦家园道俗车马数万余人，哀声振动原野。赵王于时尽送终之礼、感叹之泣"云云，径山本无"原野赵王"四字，而无著校写本正有；《行状》末尾"乃授笔录之，具实矣"，亦是径山本无，无著校写本有。三卷本和道忠校写本所依既同，而三卷本乃重刻之澄湜详定本，道忠又是据赜藏主《古尊宿语录》校写也。

  柳田圣山认为，澄湜详定的三卷本文，南宋初期在福州鼓山作为《古尊宿语录》的一部分重刊；元、明出的《赵州录》各个版本以及日本的版本，均以重刊本为祖本，几乎没有异本；仅明末云门圆澄附序的流通本、清雍正帝敕修《御选语录》的本子，略有改编[1]。我们说，鼓山刊印《古尊宿语录》时，其赵州部分确实是依澄湜详定本，但赜藏主只是择编而已，柳田先生当没有注意到永乐本与三卷本或径山本的歧出吧；元、明及其以后面世

---

[1] 《禅籍解题》第五部分《唐代の禅籍・赵州录》。

的各个版本，包括圆澄附序的流通本，并非以鼓山重刊本为祖本，而是源自当时尚在流行的澄湜详定本、或明声重刻三卷本、甚或是径山本。

总之，从澄湜详定本到径山本的源流，略如下图所示：

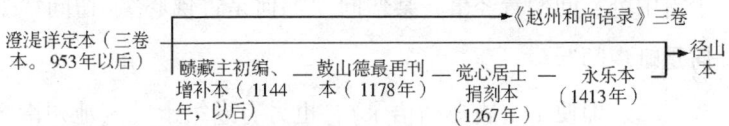

柳田先生认为，鼓山重刊的赵州语录乃现存最古老的中国禅宗语录的印本①。我们认为，最能体现赵州语录原始面貌的，还是《径山藏》中的《赵州和尚语录》三卷。因为重刊本不过为澄湜详定本的节录罢了。澄湜详定的具体年月，今已不可晓，然据三卷本或径山本所附《赵州真际禅师行状》"后唐保大十一年（953）孟夏月旬有三日，有学者咨问东都东院惠通禅师赵州先人行化厥由，作礼而退。乃授笔录之，具实矣"，可知澄湜所详定者应是惠通撰行状时即已存在的赵州语录刻本或写本矣。

圆澄《重刻〈赵州祖师语录〉序》："惜其语录不能尽传。学者仅获一帙，真如尝鼎一脔，饮海一滴者矣！"明声重刻乃依澄湜详定本，而澄湜当又对赵州语录有所删削，故而圆澄会叹"不能尽传"也。

其实，宋代及前之五代出现的禅宗语录之中，就颇有直接

---

① 《禅籍解题》第五部分《唐代の禅籍・赵州录》。

源于澄湜详定本之外某种赵州语录中的化语：

一、南宋普济（1179~1253）晚年合编《景德传灯录》等五灯为《五灯会元》，而《五灯会元》中却有"五灯"之外的 6 则语录，即赵州与某老宿问答、一婆子请转藏经、赵州于雪中卧、问僧看经事、某僧问"如何是古佛心"、僧问"如何是毗卢师"。

二、即便是《古尊宿语录》，也另有卷第十二《池州南泉普愿禅师语要》中僧问赵州"如何是宽廓非外"一则，卷第三十六《投子和尚》中赵州与投子问答一则。

三、撰于景德元年（1004）的《景德传灯录》，有卷五《西京光宅寺慧忠国师》注文中一则；卷八《池州南泉普愿禅师》中一则；卷八《浮杯和尚》中一则；卷十赵州本传中九则；卷十《洛京嵩山和尚》一则。

四、成书于端拱元年（988）的《宋高僧传》，卷十一赵州本传中也有寄真定王氏尘拂一则。

五、福建泉州招庆寺静、筠二师在南唐中主保大十年（952）已编成之《祖堂集》，内中更夥：卷五《椑树和尚》，一则；卷六《投子和尚》，一则（又见于《景德传灯录》卷第十五投子本传、《古尊宿语录》卷第三十六《投子和尚语录》）；卷十一《保福和尚》，一则（又见于卷十六《南泉和尚》、《景德传灯录》卷八南泉本传）；卷十四《杉山和尚》，一则；卷十六《南泉和尚》，南泉谓赵州"不是心，不是佛，不是物"（又见《景德传灯录》南泉本传）、赵州看南泉山下一住庵僧（又见《古尊宿语录》卷十二南泉本传）、赵州举某讲经论大德参南泉因缘，共三则；卷十八赵州本传，竟达十八则（其中赵州问一座主"又蕴什摩业"，又见于《景德传灯录》赵州本传）。《景德传灯录》所征用很少与《祖堂集》重复，说明道原当时有可能参考过静、筠二师之书。

上面所举的这些不见于澄湜详定本的内容明确地显示出，无论是在惠通作行状之前，还是在澄湜详定前后，还是在《古尊宿语录》已经面世的情况下，五代末至南宋时，世间都流传着一种远较澄湜详定本更为详尽的赵州和尚语录。需要注意的是，《祖堂集》和明声重刻本，凡"辨"皆作"弁"，显示出静、筠所依和澄湜详定者，乃同一种本子。而《祖堂集》等撷取的赵州化语的排列次序和各则的文字，都与明声重刻本或《古尊宿语录》有异，又表明诸灯录作者对他们所根据的赵州语录本子进行过加工。

进而考之，明声重刻三卷本卷上，标"参学门人文远记录"。柳田先生曰，因北方战火的蔓延，曾一度中断记录①。不知何据？《赵州真际禅师行状》载，赵州八十岁后住观音院，方有沙弥文远，而赵州卒于乾宁四年（897），寿一百二十岁（详下）；明声重刻本第470则有赵州与"小师文远"论义输馉饳事，《祖堂集》卷十却言与论义者为"七岁小儿"：赵州卒时，文远大概在五十岁以下。此时由已颇为赵州信赖的他来搜集整理有关赵州的机缘化语（包括赵王所作的三首悼

---

① 《禅籍解题》第五部分《唐代の禅籍·赵州录》。

念诗），是十分自然的。《行状》为东都（隋、唐时，以洛阳为东都）东院惠通禅师述，内中有"镇府有塔记云"之语，说明撰者尝目睹"真际禅师光祖之塔"的塔记；又言"具实矣"，显然，《行状》撰者曾经接触过有关赵州的第一手资料。这种实录性质的化语机缘，当即文远所录。前于《行状》一年成书的《祖堂集》，编纂态度十分严肃，凡所记禅师事迹不是出于实录者，皆一一注明，如卷十四《杉山和尚》、卷十八《紫胡和尚》等言"未睹实录，不决化缘始终"，卷二十《宝寿和尚》等言声明"未睹实录，不决化缘终始"，而卷十八赵州本传未言之，表明撰者所据定然也是赵州之"实录"或"行录"。文远录的"实录"或"行录"性质的东西，既然几乎同时远播至洛阳和福建等地，又证明保大年间世上已经流布着写本或刻本的文远录了。这种记载"化缘终始"的实录，也就是《祖堂集》所依、惠通撰《行状》所据、澄湜详定的祖本；该祖本至少在南宋时还流传较广，《宋高僧传》、《景德传灯录》以至于《五灯会元》即从之征引；甚至直至有明一代，文远所录尚不绝于世间，如明代语风圆信、郭凝之共编《五家语录》卷第三《韶州云门匡真文偃禅师》中，即援引有不见于别处的僧与赵州"如何是妙峰顶"的问答。

顺便指出，《祖堂集》赵州本传透露出一个讯息：澄湜本第143、146则，文远所录中原本为一则，因为它们在《祖堂集》中并未分开。而澄湜本又反过来证明，《祖堂集》将第11则析为两段。《景德传灯录》本传，某僧问"觉花未发时，如何辨贞实"一节，澄湜本却分为第424、426两则，表明此内容在文远所录中应当是一体。

如上所述，自文远记录到澄湜详定乃至其后，赵州语录的源流如下示：

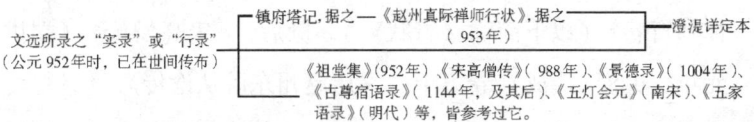

需要说明的是，不但宋代同时流传着文远的"实录"或"行录"、澄湜详定本，明代存在澄湜详定本、明声重刻本，明、清两朝世间实际上仍然还有其他名目的赵州语录单行本。颇为可憾的是，由于现在已经无缘一览原书，不能判断它们究竟是据文远录、还是澄湜详定本的覆刻本矣。如，明焦竑辑《国史经籍志》卷四上《子类·释家·语录》，著录"赵州谂禅师语录一卷"[1]；明高儒于嘉靖十九年（1540）依家藏典籍而编《百川书志》，卷二〇《集·杂集》记"赵州石桥诗集一卷"[2]；清傅维鳞据明杨士奇等《文渊阁书目》而重编《明书经籍志》，其《拾补·佛书》内载"真际语录一部"[3]；清张照等奉敕编录内府所藏释道书画目录为《秘殿珠林》，卷二三《万善殿收贮经典·佛经·语录附》，又记"赵州录一部"[4]。

---

[1] 《明史艺文志·补编·附编》，册下，页1006中。
[2] 《百川书志·古今书刻》，页310。
[3] 《明史艺文志·补编·附编》，册上，页302。
[4] 《文渊阁四库全书》，册823，页734下左。

二、生平化迹：周游烟水半天下，北地开物弘禅道

有关赵州和尚终生事迹的资料，最早的自然是后唐中主保大十年（952）即已成书的《祖堂集》卷第十八《赵州和尚》；最为详尽的，得算保大十一年洛阳东院惠通所述《赵州真际禅师行状》（以下简称《行状》）。厥后，《宋高僧传》（端拱元年〈988〉撰成）卷第十一《唐赵州东院从谂传》、《景德传灯录》（北宋景德元年〈1004〉撰）卷第十《赵州东院从谂禅师》等皆有记载。

（一）名讳和籍里的迷障

赵州和尚的法名和乡贯，历来存在歧说。《祖堂集》曰，讳全谂，青社缁丘人。青社，古代借指青州①；缁丘，不知何处。《宋高僧传》则言，法名从谂，青州临缁人。《祖堂集》之"缁丘"，盖即临缁也。青州，唐时辖境相当于今山东潍坊、益都等地，治所在今山东省青州市。明杜思修、冯惟讷纂《［嘉靖］青州府志》卷第二十六《仙释》，据《宋高僧传》而归赵州为临缁人；该卷"从谂"前列战国齐人周涓子、安期生、汉代李少君、晋代竺法汰等人，后次南北朝僧远之类，显然是认为从谂生活在唐代以前②。《〈天一阁藏明代地方志选刊〉人物资料、人名索引》因而称，从谂为"东晋"人③。以上著述，皆未及俗时姓氏；而谓赵州法名全谂，亦仅静、筠二

---

① 参看《汉语大词典》，上海·汉语大词典出版社 1993 年 6 月第 1 版，册 11，页 524 右。
② 见于《天一阁藏明代方志选刊》，册一一，叶五十右。
③ 页 971 中。

师之书。日本人诸桥辙次著《大汉和辞典》，认为赵州和尚是青州临淄赫氏之子，将籍里曹州赫县列为或说①。陈垣撰《释氏疑年录》，归赵州为"青州临淄郝氏"②，盖也依《宋高僧传》的记载吧。

赵州语录第226则："问：'和尚承嗣什么人？'师云：'从谂。'"第431则："问：'如何是赵州正主？'师云：'老僧是从谂。'"这是现在可见到的赵州和尚自道名讳的唯一材料。《行状》称，俗姓郝氏，本曹州郝乡人，讳从谂。《景德传灯录》同。之后，宋大观二年（1108）刊印的宋睦庵善卿编《祖庭事苑》卷第七《八方珠玉集·赵州》③、《联灯会要》卷第六《赵州观音从谂禅师》④、《五灯会元》卷第四《赵州从谂禅师》⑤、绍昙于宋理宗宝祐二年（1254）撰成之《五家正宗赞》卷第一《赵州真际禅师》⑥、元念常至正元年（1341）集《佛祖历代通载》卷第十七"唐昭宗丁巳"年（897）之下⑦、觉岸至正十四年（1354）撰《释氏稽古略》卷第三"[唐昭宗]丁巳乾宁四年"下⑧，地方志如明蔡懋昭纂修《[隆庆]赵州志》卷第十《杂考·集览》⑨、《嘉庆重修

---

① 卷第四，页884a。
② 页154。
③ 《大日本续藏经》第壹辑第贰编第壹拾捌套第壹册。
④ 《大日本续藏经》第壹辑第贰编乙第九套第叁册。
⑤ 《大日本续藏经》第壹辑第贰编乙第拾壹套第壹册。
⑥ 《大日本续藏经》第壹辑第贰编乙第捌套第伍册。
⑦ 《大正新修大藏经》49/481c。
⑧ 《大正新修大藏经》49/844c。
⑨ 《天一阁藏明代方志选刊》，册三，叶十八左。

一统志》卷第一八二《曹州府·仙释》①、《山东通志》卷第三〇《仙释志》②、《山西通志》卷第百六十《仙释·唐》③，近人著述如印顺《中国禅宗史》④、比丘明复编《中国佛学人名辞典》⑤等，皆持这种看法。曹州，唐辖境相当于今山东荷泽、曹县等地，治所在今山东省曹县西北。需要指出的是，《嘉庆重修一统志》谓赵州名从稔⑥，并无依凭；《四库全书传记资料索引》因之而误载从谂一名"从稔"⑦。

我们说，赵州和尚名全谂还是从谂虽有小异，然皆可通。《说文解字·言部》："谂，深谏也。"段玉裁注："深谏者，言人之所不能言也。"全谂，正知无不尽之谏也。若作从谂，则意指接纳规谏劝告。至于其原籍青州或曹州，也都有文献佐证，后人亦不可以、也不可能以一之。

(二) 童稚弗群即剪落，远参南泉密受道

《宋高僧传》曰，赵州幼年时即孤介不群，对于父母并没有什么大的依恋，超然异于世俗。《祖堂集》和赞宁都说，少年时代便在本州（青州）龙兴寺出家。《景德传灯录》、《五灯会元》却称，"童稚于本州（曹州）扈通院从师披剃"。《联灯会要》卷第十二《潭州神鼎鸿諲禅师》，鸿諲示众有云：

---

① 册一一，页8913。
② 《文渊阁四库全书》，541/90下右。
③ 《文渊阁四库全书》，547/530下。
④ 页412。
⑤ 页318。
⑥ 册一一，页8913。
⑦ 《四库全书索引丛刊》之三，册一，页267c；册三，页1215c&d。

"南泉道：'我十八上便解作活计。'赵州道：'我十八上便会破家散宅。'"这些都表明，赵州和尚在成年以前就已经出离矣。其所从披剃之师，未明。

赵州对于佛籍的态度，《祖堂集》仅言"不昧（"昧"之形误）经律"；《宋高僧传》称是"师勉之，听习于经律，但染指而已"，似乎并不虔诚深入也。《行状》未及出家和纳戒因缘，却记其苦行曰："值武王微沐，避地岨崃，木食草衣，僧仪不易。""岨"，当读 zǔ，《集韵》壮所切，上语，庄。同"阻"，险要之义。"岨崃"，意即险峻的崃山；古人常用"岨谷"、"岨峻"、"岨深"等词亦可证也。他似乎在山东东部生活过一段日子。

当时，南泉普愿（748~834）① 在池州（治所在今安徽贵池）大开法宴（据《祖堂集》卷第十六《南泉和尚》），赵州往从之。《祖堂集》赵州本传称，是在遍参丛林的过程中偶尔"一造南泉"的，并非行脚伊始即直达池州，更合于情理；《宋高僧传》谓"闻池阳（池阳治所在今陕西泾阳西北。此"池阳"当为"池州"之误）愿禅师道化翕如"而往。《行状》与《祖堂集》相类，言乃"初随本师行脚"而臻南泉。本师，或谓其披剃之师欤？《景德传灯录》、《五灯会元》曰，"未纳戒，便抵池阳（当作"池州"。说详上），参南泉"。

初参南泉的情形，《行状》和《景德传灯录》、《五灯会元》等都做了详细的描述。《行状》追记道，其时南泉正在方丈内卧，赵州之本师"先人事（赠送礼品。此或当谓礼拜问候）"了，赵

---

① 参陈垣《释氏疑年录》，页145。

州方乃人事。南泉问赵州:"近离什么处?"答:"瑞像院。"南泉又问:"还见瑞像么?"答:"瑞像即不见,即见卧如来。"卧如来,暗誉南泉也,故而南泉起身道:"你是有主沙弥?无主沙弥?"答:"有主沙弥。"南泉追问:"那个是你主?"赵州回答得很巧妙:"孟春犹寒,伏惟和尚尊体起居万福。"显然,赵州这里所指之"主"并非其旧主"本师",而是他随机而拜的新主南泉也。所以,南泉当即唤维那,吩咐道:"此沙弥别处安排。"可谓一见便青目有加也。《景德传灯录》则仅叙对答语,言最后"南泉器之,而许入室",不如《行状》生动有情趣。《五灯会元》同于《景德传灯录》。所谓瑞像院,盖即赵州至南泉之前的某行脚处也,表明赵州前此确实尝周游问禅。

《祖堂集》言,自造南泉后,更无他往,并载他"既遭盛筵"后与南泉的扣击之辞、也就是他因之而"顿悟玄机,心如朗月"的著名问答——赵州问:"如何是道?"南泉答:"平常心是道。"又问:"还可趣向否?"南泉答:"拟则乖。"进一步问:"不拟时,如何知是道?"南泉云:"道不属知,不知。知是妄觉,不知是无记。若也真达不拟之道,犹如太虚廓然荡豁,岂可强是非!"《宋高僧传》曰,赵州在南泉处"执心定志,钻仰忘疲",南泉遂"密付授之"。《祖庭事苑》卷第七《八方珠玉集·赵州》亦说,"作沙弥时,造南泉之室,颖拔不群,南泉待之异于流辈"。

《祖堂集》本传在其出家和参南泉之间云,"嵩山琉璃坛纳戒";《宋高僧传》也谓剪落后,"寻往嵩山琉璃坛纳戒"。《行状》中无所以悟道之因缘,却言到南泉后方始受戒。《景德传灯录》记"异日""如何是道"的问答之后,也说赵州此时"乃往嵩岳琉璃坛纳戒"，戒毕"却返南泉"。《祖庭事苑》、《五灯会元》同于《景德传灯录》。揆诸事理，当以《行状》和《景德传灯录》近于实际；《祖堂集》述赵州事迹本极简略，其言受戒事盖在记出家之后顺便及之而已，并不一定遵从时间先后；《宋高僧传》又是依《祖堂集》而言之的。

赵州虽为南泉所宝重，但大概由于普愿并非他的剃度师、南泉门下又龙象蹴踏吧，其所担任的职位仍然低微。《赵州录》第4则，"师在南泉作炉头"；第五则，"师在南泉井楼上打水次……"；第316则，"老僧三十年前在南方火炉头……"；《景德传灯录》亦曰，"师作火头"。火头、火炉头、炉头，禅院中专司造饭者也。

（三）为脱情累携筇游，行到八十方始休

从南泉受法之后的全部行踪，《祖堂集》仅概言曰："自尔，随缘任性，笑傲浮生，拥毳携筇，周游烟水矣。"

《行状》叙次稍详，谓受戒后，闻受业师在曹州西住护国院，乃归院省觐。受业师，即《行状》前此所称的"本师"，也就是当初从之披剃之师也。自南泉返曹州，一路上应该又寻访过一些寺院高僧吧。到护国院后，本师将这个消息告诉了郝家。其父母高兴不已，准备"来日"一起去看望。赵州这时却说："俗尘爱网，无有了期。已辞出家，不愿再见。"当夜就收束行装避开了。比照《宋高僧传》"童稚之岁……越二亲之羁绊，超然离俗"的记载来看，其出家之后不愿再与俗世父母有任何瓜葛是合情合理的。

再离故土，赵州自携瓶锡，遍历诸方。常自谓曰："七岁童儿胜我者,我即问伊。百岁老翁不及我者,我即教他。"(《行状》)表现出惟真理是求、漠视辈分资格的豪迈作派。虽然,这种精神粗看起来颇有点年轻人的狂傲和不明"世理"。

《景德传灯录》载,赵州离南泉后,游历过黄檗(希运禅师,嗣百丈。住洪州黄檗山〈在今江西省宜丰县西北〉)、宝寿(沼和尚,嗣临济。住镇州〈治所在今河北省正定〉)、盐官(嗣马大师。住蘅州〈治所在今湖南省衡阳市〉)、夹山(善会和尚,嗣花亭。住澧州〈治所在今湖南省澧县〉)、五台山,并记有其化语。

源自赵州弟子文远记录的《赵州和尚语录》三卷,所辑法语中亦透露出赵州和尚行脚时的踪迹。除第458则亦载在五台山勘一婆子、第510则亦记尝到宝寿而外,第11则赵州自述"老僧到沩山";沩山灵祐,嗣百丈,住潭州(治所在今湖南长沙)。第204则,称"师到道吾处";潭州道吾山圆智禅师,嗣药山,住湖南浏阳县。第434则,赵州说自己"初到药山""得一句子";药山惟俨,嗣石头,住朗州(治所在武陵,今湖南常德市)。第456则,到云居;云居道膺,嗣洞山,住洪州(治所在今江西省南昌市)。第456、457则曰,去茱萸;茱萸山和尚,亦嗣南泉,住鄂州(治所在今湖北省武昌市)。第485则,与临济问答;临济义玄,嗣黄檗,住镇州(治所在今河北省正定市)。第486则、487则,因慕寒山、拾得而参浙江天台山。第494则,行脚往大慈;大慈寰中禅师,嗣百丈，住浙江北部大慈山。第495则，受教于百丈；百丈怀海，嗣马祖，在江南西道（治所在洪州〈今江西南昌〉）。第496则，得投子蒸饼吃；投子大同，嗣翠微，住舒州桐城县（今属安徽省）。第509则，参潼关。

《祖堂集》卷第五《椑树和尚》，嗣法药山惟俨的椑树和尚，与赵州问答"般若以何为体"。卷第十八《赵州和尚》，三峰指示赵州应住处；此三峰，或即三峰山道树和尚（734～825），直嗣北宗神秀，住寿春（今安徽寿县西南)①。

综合种种记载，赵州和尚行脚天下时，至少到过今天的河北、江西、湖南、湖北、浙江、安徽六个省。更值得注意的是，他寻访的师友不仅遍及慧能门下的"二甘露门"青原系和南岳系，而且包括了北宗神秀的足下；他为脱情捐累、求法证悟，只认禅证的上下而不拘辈分的高低，竟然同参师徒乃至于孙支。这在极重传承师嗣的禅宗当中，委实不易。当然，上举皆是赫赫有名的衲子，赵州在行脚的过程中，一定到过更多的无名萧寺，接触过更多的无闻僧徒。如，第488则记尝见的庵主，第490则载到一尊宿院等，皆是也；第12则语录更言，"老僧九十年前见马祖大师下八十余员善知识，个个俱是作家"，仅马祖门下就达八十多人！

柳田先生谓，赵州年轻时的经历几乎不明，只能大致地说，早年在江南修行②。从以上的分析可知，赵州的行踪崖略

---

① 参陈垣《释氏疑年录》，页135。
② 《禅籍解题》第五部分《唐代の禅籍·赵州录》。

在现存文献中还是可以凸现出来的。

赵州行脚图（加＊号者，表示尝到处）

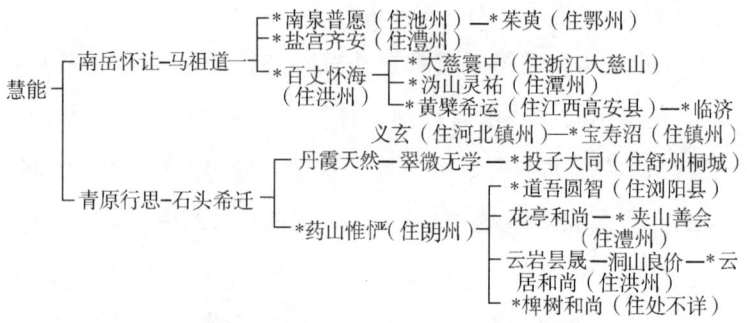

正是在南北广泛体验的过程中，赵州和尚度过了他一生中最为重要的韶华，迸发出了大量隽永瑰奇的法语。这些法语在其产生的当时，即随着禅僧们的流动而四处散播风行开来。

赵州究竟参访到何时才定住一地，《祖堂集》、《宋高僧传》皆未言及。《行状》谓"年至八十，方住赵州城东观音院"；《景德传灯录》更称在游五台山后，"师自此道化被于北地，众请住赵州观音"；《祖庭事苑》卷第七《八方珠玉集·赵州》所载似更合于情理："晚游于河、朔，被檀越之请，唱道于赵州之观音。"根据种种迹象判断，当是周游南方慧能门下各支后，复过黄河访问临济、宝寿，上五台山，然后方应大众之邀住观音院也。柳田先生认为，赵州是受燕、赵一带的首领之招,方重返故里附近的赵州①。恐不确。因为燕、赵藩王是在赵州和尚返回北方数十年后,方始闻见其大名而拜访其住处的(详下)。

《嘉泰普灯录》卷第七《南岳第十三世·黄龙元肃禅师法嗣·袁州仰山清简》:"僧问:'集云峰下分明事,请师分付四藤条。'云:'赵州八十方行脚。'云:'得恁么不知时节?'曰:'行到南泉即便休。'"对于这类无稽观点,日本无著道忠《禅林象器笺》卷第十二《参请类·行脚》依《行状》述赵州发足始末后,尝加以驳斥曰:"从谂自盛年行脚,到八十岁初住院,此谓'赵州八十行脚'。世误言八十岁而行脚者,非也。"

虽然人们普遍认为赵州八十方定住一地,其语录第12则却称"老僧九十年前见马祖大师下八十余员善知识",似乎九十岁以前尚飘泊在外也。

赵州语录第456则:"师到云居。云居云:'老老大大,何不觅个住处?'师云:'什么处住得?'云居云:'前面有古寺基。'师云:'与么,即和尚自住取。'师又到茱萸。茱萸云:'老老大大,何不觅个住处去?'师云:'什么处住得?'茱萸云:'老老大大,住处也不识?'师云:'三十年弄马骑,今日却被驴扑。'……"赵州为什么到耋年之纪还流荡江湖?或许是在南泉门下得不到重用吧,或许是在南方遍觅不见合适的止脚之处吧,或许是……白发飘飘而尚四处参访,内心的凄

---

① 《禅籍解题》第五部分《唐代の禅籍·赵州录》。

苦一定难于言说。然而，老天苦其心志，劳其筋骨，饿其体肤，正是为了动惊其心、坚忍其性，增益其所不能也。

（四）住持东院效古人，枯心槁志四十载

据《行状》，赵州八十岁方始住之赵州观音院位于城东，故又叫"东院"，去举世闻名的赵州石桥约有十里左右。人因称之为赵州和尚。赵州一地，在战国时代系赵国的领域。赵州和尚在观音院住持枯槁，志效古人。比如，其僧堂竟然无前后架，斋食都是旋做旋吃。所用绳床一只脚折了，仅拿烧断的木柴用绳索捆上，凑合着使用；人们几次要给他做新的，他都坚辞不允。住持四十年来，从未写信向檀越们讨要什么。《宋高僧传》言"后于赵郡开物化迷，大行禅道"之前的"灭迹匿端，坦然安乐"，实际上应该是对这段日子的写照。《缁门警训》卷第七《芙蓉楷禅师小参》尝评曰："赵州至死不肯告人。"颇中肯綮。

赵州和尚在观音院究竟是如何像古人一般地"枯槁"的呢？十分幸运的是，现存赵州诗偈中，有一组以一日夜自子至亥十二个时辰为题的《十二时歌》，真切鲜明地勾勒出了他"在北地"（《祖堂集》）、"道化被于北地"（《景德传灯录》）时的情形。这些歌诗，三、七言夹杂，读起来朗朗上口；尤为难得者，其中使用了不少口语俗词，生活气息十分醇厚。它们在赵州传世法语中，称得上是最有特色、最为动人和最有价值的。

具体来讲，大部分诗篇对自己乡村禅居的艰苦生活做了如实的勾勒渲染。第一时,乃调侃自嘲早起时的衣着:"鸡鸣丑,愁见起来还漏逗(踌躇)。裙子褊衫个也无,袈裟形相些些有。裩无腰,绔无口,头上青灰三五斗。比望修行利济人,谁知变作不唧溜(不聪明)。"远离市镇,连吃饭都成了问题。第二时就写断炊时的孤寂心酸:"平旦寅,荒村破院实难论。解斋粥米全无粒,空对闲窗与隙尘。唯雀噪,无人亲,独坐时闻落叶频。谁道出家憎爱断?思量不觉泪沾巾。"第六时,受食供养的无奈:"日南午,茶饭轮还无定度。行却南家到北家,果至北家不推注(不拒绝)。苦沙盐,大麦醋,蜀黍米饭蘁萵苣。唯称供养不等闲,和尚道心须坚固。"对其住处的描写则有两首,第十时:"黄昏戌,独坐一间空暗室。阳炎灯光永不逢,眼前纯是金州漆。钟不闻,虚度日,唯闻老鼠闹啾唧。凭何更得有心情,思量会个波罗蜜?"第十二时:"半夜子,心境何曾得暂止!思量天下出家人,似我住持能有几!土榻床,破芦箧,老榆木枕全无被。尊像不烧安息香,灰里唯闻牛粪气。"居处窘迫黑暗,老鼠横行,谁能想到一代祖师竟过着这样的岁月呢。

尽管如此,赵州却随遇而安,安贫乐道,乐观开豁,逍遥自在。第七时:"日昳未,者回不践光阴地。尝闻一饱忘百饥,今日老僧身便是。不习禅,不论义,铺个破席日里睡。料想上方兜率天,也无如此日炙背。"进而他还严厉抨击那些只知到处行脚、却不晓禅学深义的衲子。第九时:"日入西,除却荒凉更何守!云水高流定委无,历寺沙弥镇常(经常)有。出格言,不到口,枉续牟尼子孙后。一条拄杖粗刺藜,不但登山兼打狗!"历来禅宗僧侣多居于烟霞深处的荒山萧寺,耐不得寂寞,守不住凄凉,还谈什么佛,修什么禅!

另外一个主要内容,是对俗世形形色色的檀越们的讥诮申饬。第三时:"日出卯,清净却翻为烦恼。有为功德被尘幔,无限田地未曾扫。攒眉多,称心少,叵耐东村黑黄老,供利不曾将得来,放驴吃我堂前草。"吃草还是小事,其他占便宜的举止还多着呢。第四时:"食时辰,烟火徒劳望四邻。馒头馉子前年别,今日思量空咽津。持念少,嗟叹频,一百家中无善人。来者只道觅茶吃,不得茶噇去又嗔。"第五时:"禺中巳,削发谁知到如此!无端被请作村僧,屈辱饥凄受欲死。胡张三,黑李四,恭敬不曾生此子。适来忽尔到门头,唯道借茶兼借纸。"既然近邻除了讨茶要纸甚至放驴吃草外,从不踏门坎,得不到供养的僧人自然衣食无着了。第十一时:"人定亥,门前明月谁人爱?向里(刚才)唯愁卧去时,勿个衣裳著甚盖!刘维那,赵五戒,口头说善甚奇怪:任你山僧囊罄空,问著都缘总不会。"当然,一点儿布施没有也是不可能的,但这是为了放长线钓大鱼,希求更丰厚的回报。第八时:"晡时申,也有烧香礼拜人。五个老婆三个瘿(生在脖子上的一种囊状的瘤子),一双面子(脸皮)黑皴皴(谓粗糙,有皱褶)。油麻茶,实是珍,金刚不用苦张筋。愿我来年蚕麦熟,罗睺罗儿与一文。"

就内中所反映的狼狈尴尬的情形来看,此以一天概括数年甚至数十年时光的《十二时歌》,当作于赵州和尚受到当地统治者重视之前。其中自然主义式的记录和倾吐,不但在他所有诗偈乃至其他法语中最为明显,最数激烈,而且可谓是前无古人,后乏来者,震撼力极强,具有很高的历史价值和文学价值。一般来讲，当时黄河以北生活条件极差，加之北人唯重势力、崇尚宗教行为①，佛教想要发展，非借助于权贵或神通不可。在这种情况下，禀承亲近平民、远离王侯显要传统的禅宗打算生存和壮大，困难重重，赵州诗中的写照可谓是实录。尤其要指出的是，古时僧侣并没有国家固定的生活保障，要维持寺院禅林的正常运作，很大程度上必须依赖居士信徒们大力支援奉献（百丈所谓"一日不作，一日不食"，这时还没有普及），而赵州竟然作诗揶揄奚落那些没有道心者，指斥"胡张三，黑李四，恭敬不曾生些子"，断言"一百家中无善人"，其胆识和勇气都是超越凡流的。文学家巴金在"文化大革命"后呼吁全民族讲真话，而一千年前的赵州从谂，已经在身体力行了。

（五）藩王礼敬尽供养，赵州禅道弘北方

《宋高僧传》载，真定帅王氏阻兵，疆界多梗，唐王朝忧之。王氏虽然抗拒过制，却偏归心于从谂。

《行状》详细述写了赵王（即王氏）所以归心的因缘及其嗣后的情状曰：河北燕王领兵讨伐赵王割据的镇府（"镇府"，谓藩镇之府，此指赵王占领之镇州。赵州语录第43则："问：'赵州去镇府多少？'师云：'三百。'"另请参《新五代史》卷第三九《杂传第二七·王镕》②），到达边界上时，有善于观察云气变化的人上奏道："赵州有圣人居住，战必不胜。"二王于是罢兵，问："赵之金地，上士（儒家称文明之士，释氏谓菩萨）何人？"随从中有人说，恐怕是某讲《华严经》大师，他

---

① 参汤用彤《汉魏两晋南北朝佛教史》第十四章《佛教之北统》。
② 册2，页411~415。

尝因天旱，祈得大雨；有人则推测，应是离此地一百二十里的赵州观音院中的禅师，因禅师年腊高邈，道眼明白。二王觉得，应兆者当为赵州和尚，便一同去赵州拜见。到了观音院内，从谂端坐不起。燕王发难了："人王尊耶？法王尊耶？"从谂回答得很巧妙："若在人王，人王中尊。若在法王，法王中尊。"过了一会儿，赵州和尚才向赵王致以俗世之礼；让其左右避开后，为二王说法多时。第二天临走前，燕王手下的先锋使清晨即来找从谂，责备他太傲慢了。奇怪的是，从谂反倒起身去迎接这个地位并不高的先锋使，说："待都衙得似大王，老僧亦不起接。"先锋愧恨而去。不久，赵王派遣使者接和尚去供养，并受摩顶之记。

赵王让从谂在王宫附近权且驻泊，准备另挑地方为之建造禅宫。从谂让人告诉赵王："若动著一茎草，老僧却归赵州。"这时，恰巧有个姓窦的行军司马情愿施舍一所价值一万五千贯的果园（即窦家园也）给从谂居住，号为真际禅院（按，真际乃赵州和尚的谥号，园名真际禅院当在卒后）。入住以后，海众云集。应该说，只是到了这个时候，赵州和尚在北方才开始大扬道化；前此，不过为一介隐没师承的村僧罢了。这也可以看出，北方信徒更崇尚的是权威而非个人的禅行也。

赵州和尚受到赵王礼奉，而幽州燕王也备命服，镇府（此指燕王所踞幽州之藩镇之府）具威仪迎接。从谂坚让不受，仅将燕王为他做的僧衣在自己身上挂了一下。

《景德传灯录》言，真定帅入观音院所携乃其诸子；赵州和尚"坐而问曰：'大王会么？'王云：'不会。'师云：'自小持斋身已老，见人无力下禅床。'"（赵州语录第347则，同。）赵王翌日又令客将传语。——记载颇有异处。又，"若在人王，人王中尊。若在法王，法王中尊"，涩于理解。《释氏通鉴》卷第十一《癸丑景福四[年]》作"在人中，人王尊。在法中，法王尊"，更为浅易。

《释氏稽古略》卷第三"[唐昭宗]丁巳乾宁四年（897）"曰："……时真定帅王镕称赵王，庐王节度使刘仁恭称燕王，二王争相重敬。"① 此乃以刘仁恭为燕王。忽滑谷快天《禅学思想史》谓，仁恭被授检校司空、卢龙军节度使在昭宗乾宁二年（895），其冒燕王之名必在此之后，因为，乾宁以前，燕地尚为李匡威所据；刘氏和王镕之传中，又不见他们乾宁二年至四年之间讲和之事。又言，若以燕王为李匡威，李、王二人共访从谂则是可能的，《弘简录》卷第六十六，李匡威为王镕迎之至赵州，与李抱贞俱馆于梅子园："[李]抱贞少游燕、赵，每徘徊常山，爱之不能去。以匡威失国无聊，时与登城西大悲浮屠，顾览山川，泫然而泣。"西山大悲浮屠，应即是观音院。此时，匡威与王镕俱在赵州，正得以列驾访问也。只是，匡威的生平与从幽州赠衣事不合，因为赠衣时他已被杀②。

以上看法，首先要明确的是，乾宁年间赵州此地确有真定路；王镕也确实在僖宗中和二年（882）十岁时继其父为藩镇；王镕也果然溺于佛教。《旧唐书》卷第一百四十二《列传第九十二·王廷凑》附王镕③、《新唐书》卷第二百一十一《列传第一

---

① 《大正新修大藏经》48/844c。
② 上卷《支那の部》。
③ 册12，页3890~3892。

百三十六・王廷凑》附王镕①、《旧五代史》卷第五十四《唐书三十・列传第六・王镕》》②、《新五代史》卷第三十九《杂传第二十七・王镕》③ 载，镕父王景崇于中和二年十二月卒，子镕时年十岁，三军推为留后，朝廷因授旄钺，检校工部尚书。《旧五代史》卷第五十四本传又言："镕宴安既久，惑于左道，专求长生之要。常聚缁黄合炼仙丹，或讲说佛经，亲受符箓。西山多佛寺，又有王母观，镕增置馆宇，雕饰土木。道士王若讷者，诱镕登山临水，访求仙迹，每一出，数月方归，百姓劳弊。"④《新五代史》本传亦曰："镕为人仁而不武，未尝敢为兵先……镕尤骄于富贵，又好左道，炼丹药，求长生，与道士王若讷留游西山，登王母祠……每出，逾月忘归，任其政于宦者。"⑤ 但依《新五代史》卷第三十九，梁太祖朱温即位（丁卯，公元907年），镕始被封为赵王⑥，乾宁年间尚不能称王也。当然，《行状》中之"赵王"倒确实是王镕，《祖庭事苑》卷第七《八方珠玉集・大王》亦说："大王""即镇帅王镕也。镕祖王庭凑，本回鹘种族，穆宗时据河朔，称留后。至镕，封赵王。唐室中兴，至明宗朝，为大将王德明所杀，至于赤族。所谓'见赵王'之赵王也"。

其次，所谓"燕王"，应为刘仁恭，《释氏稽古略》的记载并没有错。据《新唐书》卷第二百一十二《列传第一百三十七・藩

---

① 册19，页5963~5966。
② 册3，页725~731。
③ 册2，页411~415。
④ 页729。
⑤ 页414。
⑥ 页413。

镇卢龙·刘仁恭》①、《旧五代史》卷第一百三十五《僭伪列传·刘守光》附刘仁恭②、《新五代史》卷第三十九《杂传第二十七·刘守光》附刘仁恭③，仁恭尝为李匡威部下，后叛之而奔太原李克用，乾宁元年十二月二十六日，克用即以之为幽州节度使；二年七月，克用更上章请授之节钺，九月，唐昭宗正式授仁恭为检校司空、幽州卢龙军节度使。《释氏稽古略》之"庐王节度使"应是"卢龙节度使"之误。他在任幽州节度使伊始，即乘势挟兵欲收王镕地是完全可能的；其人后叛李克用、又无礼于唐，以节度使之尊在当时或以后自称、或被人称作"燕王"也是自然的。史书虽未载他与王镕在乾宁年间讲和，然他与王氏实有交情，《新五代史》本传即记他和其子刘守光被充军时，"军还过赵，赵王王镕会晋王，置酒，酒酣请曰：'愿见仁恭父子。'晋王命破械出之，引置下坐。饮食自若，皆无惭色"④。另外，此人信佛法，《新唐书》本传说他"又招浮屠，与讲法"⑤，他与王镕共访赵州和尚也有信仰基础。何况，《行状》记二王税驾后，赵州和尚在赵州（应是窦家园，非观音院）住两年即卒，两年前正是乾宁二年也（详下文）。

再者，《旧唐书》卷第一百八十《列传第一百三十·李全忠》附李匡威⑥、《新唐书》卷第二百一十二《列传第一百三十七·

---

① 册19，页5985~5987。
② 册6，页1799~1812。
③ 册2，页423~427。
④ 页427。
⑤ 页5987。
⑥ 册14，页4682~4683。

藩镇卢龙·李全忠》附李匡威①果然载匡威始与王氏友善,数出兵救镕;匡威被其弟赶出幽州,王镕迎之,事如父。匡威也端的"引(李)抱贞登城西大悲浮屠,顾望流涕,美其山川"②。但《旧唐书》、《新唐书》本传乃至王镕的传记皆已明言,匡威因欲劫王氏而代之,已于景福二年(893)被王镕军士斩杀,是不可能二年之后再与王氏同访从谂的。忽滑氏言匡威客居赵州时与王氏共访赵州和尚,又没有注意到此时匡威并未从外带兵攻打王氏的地盘也。当然,西山确实应该在从谂所居一带,西山大悲浮屠应即观音院也。另外,《弘简录》言匡威馆于梅子园云云,乃依《新唐书》匡威本传、《新五代史》王镕本传而言也,《新五代史》记匡威与李正抱在赵州出城游玩的文字曰,"匡威客李正抱者,少游燕、赵间,每徘徊常山,爱之不能去。正抱、匡威皆失国无聊,相与登城西高阁,顾览山川,泫然而泣……"③《旧五代史》卷第五十四王镕传称镕置之于宝寿佛寺④。又,《旧五代史》王镕传曰,匡威死时,镕年仅十七;镕自己在天祐八年冬十二月为部下所杀⑤,——并误。镕中和二年已经十岁,景福二年当二十一也。其他史籍载,镕实死于天祐十八年。

赵州和尚与赵王交往、对赵王礼敬的史实,在赵州语录中也能觅到蛛丝马迹,如第 170、310、317、339、347、431、435、471、482、535 等则。请参考。

---

① 册 19,页 5984~5985。
② 《新唐书》本传,页 5985。
③ 册 39,页 412。
④ 册 3,页 726。
⑤ 册 3,页 726,729~730。

(六) 辞离俗世泣北地，临终之际怀大悲

《行状》载，赵州和尚在赵州（应是窦家园）住了两年，行将谢世，遂遗言焚烧躯体，不用净淘舍利。又令小师（当是文远）送一枝拂子与赵王，传语曰："此是老僧一生用不尽底。"希望赵王继续护持佛教。《联灯会要》卷第六，也有类似记载。戊子岁十一月十日，端坐而终。其时，窦家园道俗送葬的车马数万余人，哀声震动原野；赵王也尽送终之礼，感叹之泣。又为营塔、竖碑，谥曰真际禅师光祖之塔。《哭赵州和尚二首》"师离㶟水动王侯，心印光潜麈尾收"云云，正是当时的写照。按，"㶟水"，今叫百泉河，源出河北省邢台市附近，东北流经沙河入大陆泽。赵州正在其流域也。

《祖堂集》未载从谂晚年事；《宋高僧传》亦仅言寄尘拂事，不及卒年。《景德传灯录》、《联灯会要》卷第六《赵州观音从谂禅师》、《五灯会元》卷第四本传称，唐乾宁四年（897）十一月二日，右胁而寂，寿一百二十；《祖庭事苑》卷第七《八方珠玉集·赵州》亦曰，"至唐昭宗乾宁末年（按，乾宁仅有4年）仲冬二日右胁示寂，谥真际大师"。《佛祖纲目》曰，光化元年戊午（898）卒，《宗统编年》因之[1]。

从燕、赵二王尝与之有瓜葛来看，赵州辞世应在乾宁四年。其逝前后之戊子岁有二，一为唐懿宗咸通九年（868），一为后唐明宗天成三年（928）；倘依前，则不能与燕王甚至王镕有任何瓜葛，从后，又与寄王镕拂子事矛盾，因王氏卒于

---

[1] 参陈垣《释氏疑年录》，页154。

921年也。后世释家著述，如《佛祖统纪》卷第四二《法运通塞志第十七之九》①、《释氏通鉴》卷第十一《丁巳［乾宁］四年》载示灭于该年"十一月"②、《释氏稽古略》卷第三言"［唐昭宗］丁巳乾宁四年"③、《佛祖历代通载》卷第十七称"唐昭宗丁巳"④、《中国佛学人名辞典》⑤等，中外学术界如忽滑谷快天《禅学思想史》上部《支那の部》、《大汉和辞典》⑥、《大辞典》⑦等，一般都持赵州乾宁四年化去的看法。

《全唐诗补编》中册《全唐诗续拾》卷第三十《从谂》，据《古尊宿语录》卷第十四定卒年为咸通九年（868）⑧，不当。又，赵州谥号应为真际，真际犹言真言之至极，涵义与其本名谂有关联；而真寂，乃谓佛之涅槃也。

依其寿一百二十计，赵州从谂生于唐代宗李豫大历十三年戊午（778）。之所以这么算，前文之所以肯定戊子岁为非天成三年，还因为《行状》中有言："镇府有塔记云，师得七百甲子欤。"古人以甲子纪岁月，故亦以之作为年岁的代称，如贯休《禅月集》卷第二一《赠轩辕先生》诗："略问先生真甲子，只言弟子是刘安。"而从大历十三年至撰写《行状》的保大十年（953），一百七十五岁；"一百甲子"盖赵州一百二十年纪之约

---

① 《大正新修大藏经》49/390a。
② 《大日本续藏经》第壹辑第贰编乙第四套伍册，叶四百九十五左。
③ 《大正新修大藏经》49/844c。
④ 《大正新修大藏经》49/649c。
⑤ 比丘明复编，页318。
⑥ 卷第四，页884a。
⑦ 上册，页1563中。
⑧ 陈尚君辑校，中华书局1992年10月第1版，页1133。

言。张商英于北宋大观四年（1110）述《护法论》曰："……若谓上古寿考，而后世事佛渐谨而年代尤促者，窃铃掩耳之论也。……自汉明佛法至此之后，二祖大师百单七岁，安国师百二十八岁，赵州和尚七百二十甲子。岂佛法之咎也！"[①] 此"七百二十甲子"，正明言其年龄一百二十也。

顺便提及，从以上的分析可以看出，历史上有关赵州从谂生平的记载，实际上存在着两个系统：一是以《祖堂集》为依托的《宋高僧传》等，一是源于《行状》的《景德传灯录》、《祖庭事苑》、《联灯会要》等。两个系统之异，或即因为《祖堂集》乃据文远所录而撰，而《行状》尚参考了其他的资料吧。

综上所述，赵州和尚一生的行迹梗概为：

> 唐大历十三年戊午（778）生→童稚时，于山东故乡出家→随本师游历，去池州（今安徽贵池）参见南泉→返回故里，旋又行脚至南方，逗留达数十载→唐宣宗大中十二年戊寅（858）始，住赵州观音院→唐昭宗乾宁二年乙卯（895），与赵、燕二王会面，住窦家园（后称真际禅院）→乾宁四年丁巳（897）十一月二日（一曰"十日"），示寂

赵王尝为赵州和尚画像作赞，对其一生做了形象的概括，辞曰："碧溪之月，清镜中头。我师我化，天下赵州。"应该说，这个评价是相当公允的。

---

① 《大正新修大藏经》52/639b&c。

有关赵州和尚的论著目录

一、专著类及其书评

秋月龙珉校订并日译：《赵州禅师语录》，东京春秋社，1964 年 3 月。

秋月龙珉译注：《赵州录》，见《禅の语录》卷 11，东京筑摩书房，1972 年 12 月版。1979 年再版。

其书评：木村撰。载《禅文化》Vol. 68，1973 年 3 月，页 24。

App，Urs 编：《赵州录一字索引》，花园大学一字索引丛书，Vol. 10，1996 年 4 月。

Hoffman, Yoel, *Radical Zen*. Brookline, MA: Autumn Press, 1978（Complete translation；English）.

二、论文类

乃光、船庵著：《漫谈赵州禅》，见《现代佛学》4 期，1960 年 4 月。

吉田绍钦著：《赵州"无"的展开》，见《理想》Vol. 382，1965 年 3 月，页 31 至 36。

平野宗净著：《南泉と赵州》，见《印度学佛教研究》Vol. 20&21，1971年12月，页273至276。

明纯著：《庭前柏子问何人》，见《禅》1991年3期。

耕云著：《临济禅·赵州禅·安详禅》，见《禅》1991年4期。

村上俊著：《赵州と信心铭》，见《禅文化研究所纪要》Vol. 18，1992年5月，页111至162。

明博著：《步步生莲：法国一行禅师及其弟子朝拜赵州祖庭侧记》，见《禅》1995年4期，页17至19。

张子开著：《直朴率真，赵州从谂诗偈的逾世风格》，见《浙江佛教》1997年3期。

本书参考书目

《卐正藏经》，日本藏经书院刊印，1902 年至 1905 年。

日本藏经书院编：《大日本续藏经》，上海：商务印书馆，1925 年。

《大正新修大藏经》，日本大正一切经刊行会编，1934 年。

汤用彤著：《汉魏两晋南北朝佛教史》，上海：商务印书馆，1938 年。

陈垣撰：《释氏疑年录》，北京：中华书局，1964 年。

柳田圣山著：《无著道忠的学术贡献》，1. 见柳田圣山主编《禅学丛书》之八《百丈清规左觿》附录。日本中文出版社，1977 年；2. 董志翘中文译本，见《俗语言研究》创刊号（1993 年 12 月），日本京都花园大学禅籍俗语言研究会编。

《中华大藏经》，北京：中华书局，各卷从 1984 年 4 月起陆续出版。

《大辞典》，台北：三民书局股份有限公司，1985 年 8 月。

《文渊阁四库全书》，台北：台湾商务印书馆，1986 年。

《汉语大词典》，上海：上海辞书出版社及汉语大词典出版社,1986年~1993年。

哈佛燕京学社引得编纂处洪业、田继综等编:《佛藏子目引得》,上海:上海古籍出版社,1986年。

《明版嘉兴大藏经》,台北:新文丰出版股份有限公司,1987年。

《大正藏索引》,长春:吉林文史出版社,1987年。

比丘明复编:《中国佛学人名辞典》,北京:中华书局,1988年。

《辞源》(修订本)合订本,北京:商务印书馆,1988年。

《四库全书传记资料索引》,台北:台湾商务印书馆;册一,1990年;册二、册三,1991年。

印顺著:《中国禅宗史》,台北:正闻出版社,1990年。

陈尚君辑校:《全唐诗补编》,北京:中华书局,1992年。

《汉语大字典》(缩印本),四川辞书出版社、湖北辞书出版社,1993年。

日本京都禅文化研究所编集:《〈景德传灯录〉索引》上、下册,禅文化研究所,1993年。

日本京都禅文化研究所编:《〈祖堂集〉索引》,禅文化研究所,1994年。

《佛光大藏经》,台北:佛光出版社,1994年。

张涌泉撰:《敦煌俗字研究》,上海:上海教育出版社,1996年。

华东师范大学图书馆古籍部编:《〈天一阁藏明代地方志选

刊〉人物资料、人名索引》，上海：上海书店，1997年。

《山西通志》，《文渊阁四库全书》本。

《赵州和尚语录》，《明嘉兴大藏经》本。

《古尊宿语录》：1. 明永乐南藏本；2. 明《径山藏》（《嘉兴藏》）本系统（包括《径山藏》本，《大日本续藏经》本，《佛光大藏经》本等）；3. 萧萐父等点校本，北京：中华书局，1994年。

［汉］许慎撰，［清］段玉裁注：《说文解字注》，上海：上海古籍出版社，1981年。

［唐］本寂述，［明］郭凝之编集，［日本］宜默玄契补编：《抚州曹山本寂禅师语录》，《大正新修大藏经》本。

［唐］良价述，［日本］慧印编集校订：《筠州洞山悟本禅师语录》，《大正新修大藏经》本。

［唐］义存语，［明］林弘衍编次：《雪峰义存禅师语录》，《大日本续藏经》本。

［南唐］静、筠编撰：《祖堂集》，高丽海印寺藏本。日本京都禅文化研究所，1992年。

［后晋］刘昫等撰：《旧唐书》，北京：中华书局，1975年。

［宋］欧阳修、宋祁撰：《新唐书》，北京：中华书局，1975年。

［宋］薛居正等撰：《旧五代史》，北京：中华书局，1976年。

［宋］欧阳修撰、徐无党注：《新五代史》，北京：中华书局，1974年。

[北宋]道原编撰：《景德传灯录》。1.福州东禅寺版，日本京都禅文化研究所影印，1990年；2.《大正新修大藏经》本。

[北宋]赞宁撰：《宋高僧传》，《碛砂藏》本。

[北宋]李遵勖撰：《天圣广灯录》，《大日本续藏经》本。

[北宋]佛国惟白撰：《建中靖国续灯录》，《大日本续藏经》本。

[北宋]惠洪撰：《林间录》，《大日本续藏经》本。

[北宋]惠洪撰：《禅林僧宝传》，《大日本续藏经》本。

[北宋]大慧宗杲语，[南宋]蕴闻录：《大慧普觉禅师语录》，《卐正藏经》本。

[北宋]大慧宗杲语，[南宋]道谦编：《宗门武库》，《大正新修大藏经》本。

[北宋]睦庵善卿撰：《祖庭事苑》，《大日本续藏经》本。

[北宋]雪窦重显语，[南宋]惟盖竺编，[明]净戒重校：《明觉禅师语录》，《大正新修大藏经》本。

[北宋]重显颂古，[北宋]克勤评唱：《佛果圆悟禅师碧岩录》，《大正新修大藏经》本。

[北宋]张商英著：《护法论》，《大正新修大藏经》本。

[北宋]天童正觉语，[南宋]集成等编：《宏智禅师广录》，《大正新修大藏经》本。

[宋]天童正觉颂古，[元]万松行秀评唱：《从容庵录》，《大正新修大藏经》本。

［南宋］晦翁悟明撰：《联灯会要》，《大日本续藏经》本。

［南宋］雷庵正受撰：《嘉泰普灯录》，《大日本续藏经》本。

［南宋］普济撰：《五灯会元》，《大日本续藏经》本。

［南宋］晓莹撰：《云卧纪谭》，《大日本续藏经》本。

［南宋］希叟绍昙撰：《五家正宗赞》，《大日本续藏经》本。

［南宋］志磐撰：《佛祖统纪》，《大正新修大藏经》本。

［南宋］本觉编集：《释氏通鉴》，《大日本续藏经》本。

［南宋］无准师范语，宗会等编：《无准师范禅师语录》，《大日本续藏经》本。

［元］念常集：《佛祖历代通载》，《大正新修大藏经》本。

［元］觉岸撰：《释氏稽古略》，《大正新修大藏经》本。

［明］语风圆信、郭凝之共编：《五家语录》，《大正新修大藏经》本。

［明］如卺续集：《缁门警训》，《大正新修大藏经》本。

［明］朱时恩撰：《佛祖纲目》，《大日本续藏经》本。

［明］释明河撰：《补续高僧传》，《大日本续藏经》本。

［明］焦竑辑：《国史经籍志》，见《明史艺文志·补编·附编》，北京：商务印书馆，1959年。

［明］高儒编：《百川书志》，见《百川书志·古今书刻》，上海：古典文学出版社，1957年。

［明］杜思修、冯惟纳纂：《［嘉靖］青州府志》，宁波天

一阁藏明嘉靖四十四年（1565）刻本，见于《天一阁藏明代方志选刊》，上海：上海古籍书店，1965年。

《嘉庆重修一统志》，清史馆藏进呈写本，北京：中华书局，1986年。

［明］蔡懋昭纂修：《［隆庆］赵州志》，《天一阁藏明代方志选刊》本，上海：上海古籍书店，1965年。

［清］纪荫撰：《宗统编年》，《大日本续藏经》本。

［清］雍正编著：《御选语录》，《乾隆大藏经》本，北京：全国图书馆文献缩微复制中心，1993年。

［清］傅维鳞重编：《明书经籍志》，见《明史艺文志·补编·附编》，北京：商务印书馆，1959年。

［清］张照等编：《秘殿珠林》，《文渊阁四库全书》本。

［日本］无著道忠撰：《禅林象器笺》，《佛光大藏经》本。

［日本］忽滑谷快天著：《禅学思想史》上卷《支那の部》，玄黄社，大正十二年七月一日。

［日本］无著道忠校写本：《古尊宿语要》，见柳田圣山主编《禅学丛书》影印本。

［日本］无著道忠编：《福州鼓山寺古尊宿语要全部目录》，《大日本续藏经》本。

［日本］无著道忠编：《今刊古尊宿录目录》，《大日本续藏经》本。

［日本］无著道忠编：《续刊古尊宿语要目录》，《大日本续藏经》本。

［日本］无著道忠编：《续古尊宿录目录》，《大日本续藏经》本。

［日本］柳田圣山著：《禅籍解题》，见《世界古典文学全集》第36B《禅家语录Ⅱ》附录，东京：筑摩书房，1974年。

［日本］诸桥辙次著：《大汉和辞典》，昭和六十一年七月一日修订版第二次印刷发行。